Gesell Selection

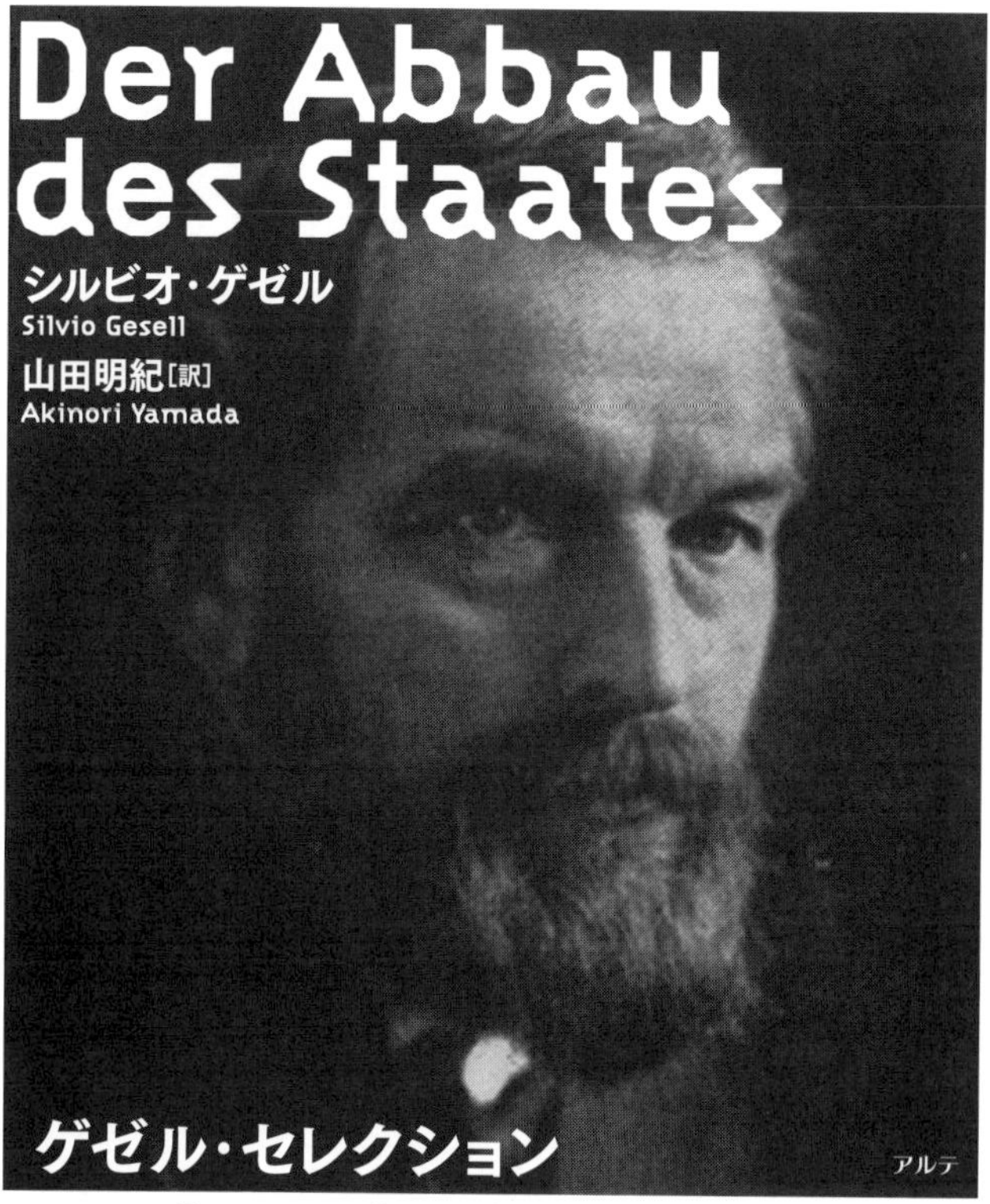

国家の解体

Silvio Gesell

Der Abbau des Staates
nach Einführung der Volksherrschaft.
Denkschrift an die zu Weimar versammelten Nationalräte 1919

Der Aufstieg des Abendlandes
Vorlesung gehalten zu Pfingsten 1923
in Basel auf den 1. Internationalen Freiland-Freigeld-Kongreß 1923

Der abgebaute Staat
Leben und Treiben
in einem gesetz-und sittenlosen hochstrebenden Kulturvolk 1927

Gauke GmbH

目次

国家の解体　5
序言　7
1　今日の国家の強化に行きついた動機　10
2　国家の解体の範囲　17
結語　38
西洋の興隆　41
解体された国家　77
序言　79
どうしてそういうことになったのか　85
ドイツ国議会における母親年金　88
重農主義者の国での調査旅行　147

結語 217
解説 237

国家の解体

民主主義の導入を目指して　ヴァイマールで招集された国民議会に対する請願

序　言

自然の物にとっては宇宙といえども広すぎるということはありませんが、
人工の物には、限られた空間が必要なのです（ファウスト　高橋義孝訳）

諸民族が自決権にしたがって諸々の国家的連合体に統合されうるやいなや、当然おのおのの国家の境界は厳密に画されるようにならざるをえないが、そこでは個々の国家の引力は弱まり、隣国の引力によって相殺される。自らの引力を増大させる国家は、愛、熱、正義、光、自由を拠り所として、あらゆる方向に流れ出ることによって、ともかく何もする必要なしに、すぐさま自らの国境を拡張する。長大な国境線をもった大国が好みの人にとっては、なかんずく重要な根本問題、すなわち、ある国家がそもそも引力を増大させることができるものなのか、そしてわれわれの目に引力として映るものは単に斥力の不足に基づいているにすぎないのではないか、という問題が存在するだろう。こう問うことができるだろう。「アルザスはフランスによって引き寄せられたのか、それともドイツの政体によって突き放されたにすぎないのか」。この問いに対する回答は格別重要である。

というのも、それはわれわれに、われわれが国家の強化もしくは解体をとおして、われわれの境界の拡張にとって必要不可欠な引力を手に入れるために努力すべきなのかどうか、を示してくれるからである。国家が単なる必要悪で、それゆえ常に斥力のみを増大させうるのだとしたら、ドイツ帝国の引力は言うまでもなくますます弱まり、国境はわれわれをますますきつく締めつけるだろうし、われわれは帝国を国家としてますます強化することになるが、その際には、ひとり国家の解体のみが、われわれにドイツの世界精神を満足させる国境を獲得させることができるだろう。

ここで一例を挙げれば、何が問題なのかがはっきり分かるかもしれないし、国家は必要悪であり、また必要悪でありうるとしても、現実的にいって唯一のものである、という主張が証明されるかもしれない。誰しも、われわれの現下の「敵」でさえも、国家としてのドイツ帝国は模範国家と呼んでも差し支えないものであった、と認める。国家はどこでも強化され終わっておらず、どこでも国家が国民の生活により頻繁により深く干渉してくることもなく、どこにも賄賂のきかない役人もおらず、どこでも国家は鉄道旅行者の肉体的欲求やあらゆる国民の魂の救済に心打たれるような理解を示すこともなかった。

しかし、この模範国家の引力はなんと弱々しいものだったろう！　アルザス人をフランスの方へ引っ張っていったのは、実際のところ安いワインだけだったのだろうか。むしろ彼らを突き放したのは、模範的に導かれたドイツ国家、強化された国家の方だったのではないか。この父祖の属したドイツ帝国からのアルザスの離反は、なおも、われわれを訝しがらせずにはおかない出来事である。

なかんずく、われわれがこの体験から引き出す教訓が、ポーランド人の振る舞いをとおして、新たに追認できる場合にはそうである。ポーランド人は、ポーランドの経済秩序の及ぶ範囲から、文字通りの意味で、逃げ出しているのである。たしかに、国家概念は見込みがないという、考えうるかぎり最も決定的な証拠である。人間は何よりも、自由と独立を求め、重んずる。強化された国家がわれわれに提供するかもしれないあらゆるものをもってしても、自由は毫も償われることはできない。人間は、個人の自由の制限に向かう途上で人間に恩恵を押しつけようとする国家に抗う。ひとはアルザス人やポーランド人の振る舞いを、イギリス人にたいするボーア人の振る舞いと較べる。イギリス人は他国人よりも国家の面倒を見ないという事情のおかげで、敵同士があれほど速やかに和解できたのである。

これらの事実を自らに作用させてみよう。事実はわれわれに、ドイツで大切にされているような国家概念は不健全な概念であり、それゆえ国家の解体のみが大国に基盤を与えることができる、ということを示している。

1　今日の国家の強化に行きついた動機

どのみち、支配階級が求めるような国家は、絶えず機能不全に陥る。この支配権が優遇された少数派の手中にあり、しかもその際、それが際限もなく反抗する多数派の攻撃に晒されているならば、中央集権化された国家権力の権力手段（君主制、専制政治、独裁政治等）を支配権の維持に利用し、国営企業の強化をとおして自らの影響力、権力を増大させることを容易に思いつくこととなる。そうすると国家は、私的な市民活動にたやすく、しばしばむしろ有利な形で、委ねられうるはずの種々の物事を背負い込まされることになるだろう。弱さは依存することによって強さを得ようとする（クロポトキン『相互扶助論』参照）。しかし、強いものは自らを最強であるとしか感じない。弱いものはひたすら中央集権化に向かうが、強いものは分権化に向かう。弱さは求心的に作用し、強さは遠心的に作用する。それゆえ、国家が力を生み出すことができるとするならば、この力は力を生み出しつつある国家に向けられる。

問題となるのは、以下のことであったし、今でもそうである。いかにしてわれわれは、国家を強化し、われわれに依存する役人の数を増やし、われわれの仕事に関与させられた知的エリートが大衆にたいして行使する影響力を増大させることができるか――それが唯一千年にもわたる優遇された者たちの心配事であった。そして、支配層がこの問題にかんして見出した答えは、革命が引き継いだごとき形態の国家である。大衆のおかげで安心感を得て、何らの権力の増大も必要としなくなった大衆に権力が移行するならば、当然逆に、国家の強化にたいする関心は弱まり、消え去っていくだろう。すでに慣性の法則に従っているので、国家の支配者となった国民は、国家を最も単純な形態に引き戻し、新たな選択、新たな法や決議には永遠に訴える必要がなくなるように、絶対に中央集権的に導かれてはならないあらゆるものを解体しようと努めるだろう。その際、民主主義が新奇な刺激を失ってしまい、男女を問わず有権者が選挙に駆り立てる者によってさらに動員されることでしか投票箱に導かれることができなくなるならば、いかにしてこの厄介な市民の義務という重荷から開放されうるだろうか、という問題がまた持ち上がるだろうと、私には想像される。そうなると、唯一にして可能な答えは、専制政治への回帰か、支配するために国家に課せられたあらゆるものにかんする国家の解体ということになる。

この要求が革命の日々にただちに突きつけられなかったとしても、いまや支配の座についた政党は本質的に共産主義的であり、それゆえ従来の国営企業を彼らが目指している全般的な国有化の単なる前段階であると見做しているということが、顧慮されねばならない。その上それは、エーベルトに同じ政府機構を擁させねばならないと信じさせたところの、先祖返りにすぎなかったのかもしれない。というのも、ホーエンツォレルン家が王座の支えとして必要と見做したので、彼は当然革命に帰すべき相続財産目録作成の利益 beneficium inventarii を放棄したからである。このような国家の建設のための前提条件は常に、当然国民の圧倒的多数に権力があるところでのみ生じうる、全き安心感であるだろう。支配する者がまだ自らの主導権に懸念をもっており、それゆえ権力の強化を念頭に置かねばならないかぎり、また彼らが安心して日々を送れないかぎり、彼らは当然中央集権化された国家権力の権力手段なしに過ごすことはないだろうし、解体について何も知ろうとはしない。

国家の解体はしたがって、階級国家の解体、権力の大衆への移行を前提とする。**しかし、階級は利息と地代からなる不労所得の産物である。**それゆえ、およそ国家の解体について語る者は、不労所得が解体されうることも立証しなければならない。だが私は、この証明はあらゆる点ですでになされたものと見做す。自由地 - 自由貨幣同盟によって主張されている資本利子 - 地代理論を見れば、自由地と自由貨幣という必要とされる手段をもってすれば不労所得は十年か二十年の勤労で跡形もなく消え去ることに、一切の疑問の余地はなくなる。それにかんしては、私はここでこれ以上詳しく述べることはできない。その代わりに私は、同盟の文書を引き合いに出さねばならない。

ただここで、戦争は自由地 - 自由貨幣同盟の努力にとって障害となるものを予期せぬ仕方で取り除いてくれ、目下のところドイツには概ねもはや資本が存在しないも同然となったことで、少なくともドイツでは資本側の抵抗を打ち破った、ということだけは言っておいてもいいだろう。

この重要な点にかんして、私は差し当たってひとつだけ注釈を加え、それから私の主題に移るのがよかろう。

パリに向けて死畜処理利用に供されたドイツの国民総資産

ドイツ帝国の資産は、婉曲にドイツの国民総資産と呼ばれているが、戦争前に三千五百‐四千‐四千五百億マルクと見積もられていた。この評価は、当時の相場の基礎をなしていた。今日の価格に換算すると、一兆余になるだろう。今日の価格はやむを得ない理由でそう大幅ではないものの現在の高さから下落することがあり得るので、われわれは一兆をわれわれの算定の基盤として用いたがる。いまやわれわれは、この一兆からひき続き引き下げなければならない。もっと正確に言うと、以下のようである。

第一の負担、すなわち協約の請求。それはさしあたりまだ確定しておらず、おそらく二千億以下には見積もるべきではないかもしれない。ただし、現在の等級による十億マルクで、そこから百が痩せた鵞鳥に、二千が痩せた雌牛に行く。戦前のマルクに換算して、ほぼ五百億。利子に百億だけ支払われうるだろう。

第二の負担、すなわち戦死者の未亡人、孤児、戦傷者、戦病者、職能が低下した者たちへの援助金。これに関わる総計は、重く見積もるべきものである。八百万人の援助を受ける資格のある者たちに千マルクずつと計算すると、年に八十億になるだろう。この支出がどれほどの資本に相当するのかは、保険技術を使えば算出できるだろう。ここでわれわれは毎年の支出の十倍を資本化比率と見做す。それゆえ第二の負担には八百億、ただし等級によるマルクで、そこから二千が痩せた雌牛に行く。不十分な援助金の結果、毎年の死亡率は予期されたよりも大きなものとなる。援助を受ける資格のある孤児のうち、毎年同一年次に生まれた者、言い換えれば十四分の一、七％が就業年齢に達する。

第三の負担、すなわち戦時国債のかたちで、ドイツ帝国国立銀行券の貸付利付証券による市と国の公債のかたちで作られた負債、合計でおよそ千五百億。この私有財産としての戦時国債が少なくとも他のあらゆる資産と同等の保護を受けることは、一瞬たりとも疑問視されることはありえず、多くの者が負債の支払いに署名した。なぜなら、彼らはそうすることで、祖国と同胞の財産の役にたてると信じたからである！　また、自らの財産、所有地、株、家の一部を売り払い、「戦時国債の支払いに署名せよ」という呼びかけに応じることのできる人々も出てくるだろう。それゆえに、この第三の負担は、ドイツ「国民」に向けられた優先的な要求として扱われうる請求権を与えられていることになろう。余剰の資産を認めるかぎり、この第三の負担も認めねばならない。

第四の負担、すなわち行方不明の船員にかんする船舶所有者への、煤汚れや爆弾などにかんする家主への、財産の損失にかんするドイツ植民地への、戦争中の出来事によって何らかの形で損害を被った商人や産業従事者への損害賠償。すべて総計すると五百億になるかもしれない。

第五の負担、すなわち完全に収入がないか職から放り出されて劣悪な仕事に就かねばならず、その結果として、戦争障害者、経済的無能力者になる、何百万人もの失業者。これにかんして、五百億受けとることすら過剰だろうか。

したがって、総額五千億の負担が今日ドイツの資産にとって重荷となっている。ただしそれは、産業が停止したままで、あらゆる取引関係が断たれ、植民地が奪われ、帝国がかなりの部分において縮小され、畑は雑草に覆われ、商船隊は沈められるか奪われるかし、ひとは四年間酷使され、役立たずの家畜は数を約半分に、目方を約三分の二に減らしてしまい、四年にわたり有益な仕事は一切なされず、家屋は一切修繕されず、道路は磨り減り、われわれの産業設備が五〇％ほども減価償却されねばならない、まさにその時点までのことである。その場合、この資産からまだ何が残るだろうか。いわゆる国民総資産は賃金にたいする第一の負担以外の何物でもなかったことと、絶えることのない国家と地方自治体の支出がどうやら行き着くところの列挙された五つの負担をとおして、この第一の負担が第六の位置に移行することが、忘却されることはない。

国民総資産は四％まで資本化された地代以外の何物でもない。それゆえそれは、労働者にたいして賃金から差し引かれたものからなっている。賃金を労働収益に応じて上げるならば、もはや国民総資産はなくなってしまう。

労働者はさもないと移住してしまうだろうから、とにかくこの五つの負担の金利を労働賃金に肩代わりさせることはできない。だから、そのために国民総資産から徴収すべきお金以外には何も余らないままである。それゆえ国民総資産は、一〇〇％かそれ以上、長年月にわたって外国の優先的な債権者にたいして抵当に出されている。したがってそれは、われわれ自由地‐自由貨幣同盟にとってはもはや障害にはならない。そこからこちらへは、もはやどんな抵抗も待ち受けることはできない。もはや旧領主しかいないように、もはや旧資本家しかいない。理解不足とちがって、他にはいかなる敵対者もいない。われわれの資本家のまもなく稼働する税金搾り取り機がその財政的な状況を意識させることになればすぐに、われわれは実際に――一般にいきわたった貧困を共有する――団結した同志のような国民になるだろう。そうすればそれにともなって、その力を国民のうちに有しており、それゆえ国家の権力手段をもはや必要としない、政府にとっての基盤が作り出されることだろう。そのときには、われわれは国家の解体について口にすることができるようになるだろう。

2　国家の解体の範囲

国家はしばしば、必要悪であると言われてきた。今日われわれは、それをそういうものとして扱い、悪のうち現実に窮乏を反転させると判明するものだけを保持したいと思う。われわれは、二つの候補に挙げられた悪、すなわち強化された国家と解体された国家のうち、より悪の少ない方を吟味し、絶対に中央の、国民全体を包括する観点からは導かれてはならないあらゆるものを、国家から解体することを欲する。われわれは、国家なしですますことのできるところならどこであろうと、解体することを欲する。その際には、この解体は交通手段――通貨、郵便、鉄道、電報、船舶航行――にいたるまで今日の国営企業全体に及びうることが、明らかとなるだろう。他のすべてのもの――戦争省、商務省、文化省、司法機関など――を、目的のために好都合なかたちで国家から取り除き、私的なものや地方自治体を残すことができる。

学校。これを国家から切り離すことができれば必ずその目的に適うということを、まずは関係者、そして生まれつき有能な教師、両親が認めるのはたやすいことである。両親だけが現実に即して子供を理解することができ、教育を子供の個性に適合したものにすることができる。もちろん両親による子供の教育は、今日とは異なった経済関係を前提とする。女工には当然、子供を教育する時間も、そもそも子供をよく知るための時間もない。プロレタリアートにとっては、国立か公立の学校しかあり得ない。しかし、おのおのの労働者に十分な労働収益を得る権利を与えることによって、プロレタリアートを首尾よくなくすことができれば、すぐさまおのおのの母親もこの高貴な母親の義務に打ち込むことができるようになる。――そしてその際には、学校の必要性もなくなる。しかし、自分には子供を教育できないと感じている母親たちは、手を結ぶことも自分で学校を設立することも、依然として自由なままである。国家が学校予算のためにもはや一切――通常は間接税のかたちで――増税しないならば、母親たちは自分の学校のためにお金を集めることができる。もっともそれも、新たな負担がなく、母親たちが学校税を免除されているならばの話ではあるが。自由地・自由貨幣同盟が提唱するように、母親たちに戦争犠牲者基本年金を支払うならば、財政面はもはや、われわれが国家の解体を学校にまで及ぼすべきではない理由にはならない。

教会。国家の解体に、少なくとも学校にかんしては、好意をもっていない教師においては、個人的利害が、意識的にせよ無意識的にせよ、誤って評価されようと正しく評価されようと、その判断において主役を演じてもかまわない。教会にかんしても、同じような状況である。純粋な財政上の問題を絡めないならば、教会を国家機関におとしめることに賛成する者はもはやいない。――私はここで、共和国、つまりそれ自体健全で階級のない国家について述べるに際して、人工的な支えは一切必要ないということに注意を喚起している。権力国家を支えるという国立教会と国立学校の目的は、ここでは消えてなくなる。「蛇は寸にして人をのむ」という諺は、およそ共和国においては理解されない。

財政上の問題は、まさに右記のところで述べたように、国営企業体からの教会の解体とともに解決される。国家は決して、自らがあらかじめ市民の財布から取り上げたお金以外は持たない。その一部は、増税の費用によって失われたものとしてあきらめる。それゆえ国家が返すものは、取ったものより少ない。したがって市民は、教会が国家から解体された後には、教会にたいして取り決められた国家給付よりも多くのお金を、自らの財布の中に見出すことになるだろう。その際、教会に属していることが本物の敬虔さに相応するものなら、市民も聖職者に、国家がこれまで教会のために彼らから巻き上げてきた世俗的なもの、財物を、授けるだろう。強制が問題であったならば、国家という怪物の腕から教会を開放することは、美しい感情を呼び覚ますだろう。つまり、いまや教会に捧げられるものは何も、いやいや納税する者たちの呪詛に毒されることはなくなるだろう。

その際、ひょっとしてつましい寄付が場所によっては十分な額にならないならば、すでに共産化した労働者がプロレタリアートにたいして財産の共産主義的分配のための準備教育として提唱したように、聖職者たちに賃金共産主義、すなわち同僚全員のもとでのすべての寄付の統合と均等な分配を薦めるのもよいだろう。それに、労働者がキリスト教的な愛から行なうことは、聖職者もうまく行なうことができるだろう。そのほかにも、教師の場合がそうであるように、聖職者が副収入を得るように導くこともできる。聖職者が額に汗してパンを得るという言葉の意味を実際に身をもって知り、個人的に体験するならば、それが実際上宗教に損害を与えることはあり得ない。

大学。これにかんしても、国家は負担を軽減されるべきである。政治的な毒をもって率いられた、学校、文化、国民教育、学問にかかわる省庁は、徹底的に解体されるべきである。市民、両親、地方自治体が連携して、大学の維持費を受け持つのもよい。今日少なからぬ数の両親が金融上の取引を結び、彼らの子供に嫁入り支度の品や兵役期間の援助等を確保すべきであるのと同様に、国家が学校制度にかかわる負担を軽減されるかぎり、両親は学校や大学にかんして似たようなことをするだろう。ここで、国家の解体とともにいわゆる「資格制度」は消え去り、その際には、国家的地位のためにのみ行なわれる研究は行なわれない、ということにも気づいてもらいたい。そうすると、もはや「大学生」というものもいなくなる。その際には、それぞれの人間が研究し、それぞれが自分に特別才能があると思い込んだ分野を選び取る。そしてその際には、それほど急ぎもしない。「完結した教育」という目標は、人生の最後に達せられるかもしれない。つまり、自らの全人生が研究されることになろう。

労働と研究が、健全なかたちで交互に行なわれる。民主主義国家では自明のことだが、労働が寄食生活から解放されるなら、それは、勤労学生が賢者や自らの先生のささやかな人生要求のためにうまく配慮することができるという、非常に重要な成果を生む。真の学問は実際、国家を必要としない。大学はその際おそらく、工場（紡績工場、織物工場、箒工場）と最もうまく結合されることだろう。そこでは、学生が六時間労働することで、自らと教師の生活費を生み出す。誰も絶え間のない精神的訓練に駆り立てる者はいない。学生たちが毎日六時間収入を得るための労働に費やすなら、ビールを呷るのに同じ時間費やすよりも確実に精神や心に害がないだろう。それに、彼らが十年ほどで生み出せないものは、十一年、十五年、五十年もすれば生み出せるだろう。解体された国家は、各人に各人のやり方で研究させる。だから、国立大学などなくしてしまえ。

通商産業省。国民全体を害するために作られた、自然に反した機関。人々は通商産業大臣の控えの間で、商業や産業や農業からいったい何を手に入れようというのか。ああ、そこで討議されたことはすべて、なんと単純なことだったか。「より高い関税のためのキャバレー」、それが通商産業省だった（ドイツ帝国議会で、かつてそう呼ばれた）。解体、解体、それがここで言える唯一のことである。

それはあらゆる組織体と同様、国家をそれ自体の発展へと駆り立てる。国家は、常になくてはならない存在になることを求める。いかなる公務員も、将来にわたって、国家の解体を提唱することはないだろう。いかなる部局内にもいかなる勢力範囲も見出せない、功名心の強い公務員は、自明のことながらその勢力範囲を拡大しようと努める。それは当然、通商産業大臣にもあてはまる。それゆえ大臣は、自分で作ったゴルディオスの結び目を後になってたたき斬ることができるように、また自分がいかに必要不可欠であるかを示すために、あらゆる物事を縺れさせ、不可解なものにする。どんな通商産業大臣も、将来にわたって自由貿易にたいする関心を表明することはないだろう。いやむしろ、今まで誰もが自分で自分の墓穴を掘ることしかしようとしてこなかった。通商産業大臣は保護関税政策、つまりわが国民を痛めつけ、煽動し、全世界と敵対させ、われわれに全世界との戦争をもたらした政策を、推し進める。われわれはこの省庁を解体すること、跡形もなく解体することを欲する。国営企業を私利からきっぱりと切り離す。生業を営む者たちは、国家がなくとも、自らの利益を代表する術を心得ている。われわれが国家を商業、生業から完全に締め出すならば、生業を営む者たちは、単独ではできないあらゆることをするために、提携するだろう(商工会議所)。商業、産業、農業にかんするいかなる省庁ももはや存在しないならば、いかなる特権ももはや贈られるべきではない。ますます高まる悩ましい関税への要求のかたちで現われた農業の欲求は、どこであろうともはや一地方に限定されることはできない。盗賊、盗人に調整されて、通商産業大臣は、決して事実に則してはいないが公共の利益から課された経済政策を押し進めることができた。そして、彼がそれを押し進めることを欲したとしても、すぐさま自由貿易は残さなければならないということが分かっただろう。

それゆえ、われわれは解体する。商業、産業、農業にかんする省庁などなくしてしまえ。われわれは、生業を営む人々の共通の利害のための自由な組織を作る。

社会問題省。根本において、神は自らの面倒をみる者の面倒をみる。自分の面倒をみないなら、誰も面倒をみてくれないし、大臣も社会問題の面倒をみない、と各人に、そして必ず子供たちにも言おう。大臣の場合もそうだが、実態はそのようなものである。大臣は、自分の負託の範囲が拡がれば、喜ぶ。労働者たちが何千となく路地裏で陥った危機――それが彼の活動領域である。それゆえ、社会的困窮の原因を追及することは、彼にとってまったく重要ではない。社会問題大臣は誰も、いまだかつて金利問題、賃金問題、通貨問題、地代問題、危機問題に関心をもったことなどなかった。彼はまさに、原因ではなく、結果と闘うために、大臣でいるのである。原因を究明しようとする大臣は、自分自身と闘い、自殺する。

社会問題大臣の存在は、この省庁を使って満ち溢れた悲惨さにたいして何かがなされ、金利問題が汗みずくで考え抜かれ、朝早くから夜遅くまで公務員が危機や失業の原因について討議している、という信頼感を民衆のうちに呼び覚ます。なんと善良な人々であることか！　もしそれを知ってさえいれば！　そう、社会問題省では一握りの官僚が座って、余計なこととしか言いようのない日々の心配事にのみかかずらっていることを知っていれば、民衆は貧困問題を自ら手にとり、寄食生活の究明を真剣さと善意をもって進められるべき普遍的な研究の対象にするだろう。

それはそうとして、民主主義国家においては――われわれはそう思い描いているし、それは自由地・自由貨幣体制のもとで発展するにちがいないのだが――社会問題は十分な労働収益への権利があれば緩和される（社会問題大臣にとっても）。したがって、われわれはここでも解体することを欲する。

外務省。「このような省庁には優れたところが一つもない」と、少なからぬ正直なドイツ人は、戦時中ともなれば繰り返し叫んでしまうことになろう。国外の出来事は公然の出来事である。それにふさわしく扱うべし！　そうすれば、報道機関、公衆がこの省庁の代わりをする。民衆が他の人々に伝えねばならないことはすべて、新聞の広告欄や葉書や電話によって知らせることができる。嘘の製造元である秘密外交がいったん踏みつぶされれば、公使、領事、大使はいかなる場合にも不要となるだろう。

人間の権利に高められた自由地の権利が侵害されないかぎり、自由地および自由通商宣言によって、あらゆる不和の種は諸民族の交渉から根本的に取り除かれる。――いずれ「外交上の突発的事件」を招く可能性はまったくなくなる。しかし、そういうことが起こり得ないように、自由地において団結した国際連盟が気を配らねばならない。自由地法を侵害し、スズメバチの巣をつつく民族、国家は、全世界から苦しめられる。言い換えるなら、われわれドイツ人は、残念なことに遅ればせながら、それを経験したのである。

医療事務省。このような事柄においては——他の事柄と同様——国家は確実に、役に立ったというよりはむしろ害になった。国民の健康にかかわる省庁の存在は、国民をだまして、国民の健康に属するすべてのことが国家の立場からなされるだろうし、国民自身はほんの二、三年投票箱に行きさえすればよいのだ、と信じ込ませる。しかし実際には、何もなされない。医療局には常に、思うがままに信用、全権が与えられたけれども、彼らは恐ろしい伝染病、いわゆる慢性アルコール中毒、工場における女子労働、金銭目当ての結婚、タバコなどの撲滅に向けての措置を講じなかった。彼らはこのような打ち続く害悪に対処することで満足し、それらの根本原因——金利——には、金利業務のために国家に雇われている者たちも敢えて手を出さなかった。金利を保護するためだけに、そして彼らの雇い主の利益を損なわないために、医療局は毎年三十万人が犠牲になる乳幼児虐待を無為に眺め、国民の肉体の実り多い酷使を眺めていた。その実りとは、診療科、病院、療養所、精神病院、監獄である。

人間は神の摂理にたいする信仰を失ってしまえばすぐさま、適応能力を自らの手に入れようと努めるし、われわれは国家の摂理にたいする信仰を脱ぎ棄ててしまえばすぐさま、国家によって倒錯させられた人間の性秩序を再び上昇軌道に乗せるために、われわれ一人一人が何をしなければならないかをよく考えるようになるだろう。そうすれば、慢性アルコール中毒、結核、梅毒は、再び目覚めさせられた個々の人間の責任感によって闘いを挑まれ、打ち負かされるだろう。怪物——われわれは国家をそう呼ぶのだが——にたいする信仰がなければ、今日のような堕落状態にいたることは決してなかったであろう。

したがって解体、ここでも解体である！　この解体が、コレラ、ペスト、家畜の疫病も含めて、すべての伝染病にも及ばされねばならないかどうかは、ことによると多くの人々にとって疑わしく思われることかもしれない。中央権力は、場合によっては迅速な決断を下すこともでき（一九一四年七月三十一日のように）、伝染病の撲滅においてよく職責を果たすかもしれない。しかしながらここでも、個々の地方自治体や医療団体は、しばしば遠く隔たった中央官庁よりもいっそう迅速に、その場で必要な措置を講ずることができるので、国家の代わりを十分うまく務めることができる。

それゆえわれわれは、あらゆる医療問題からの国家の分離、という立場に留まる。

戦争省。われわれは、ポーランド人、ロートリンゲン人、デンマーク人、ケルト人、ゲルマン人、ユダヤ人、プロテスタント信者、カトリック信者と肩を並べて、またコミタートの人々、ブルガリア人、ジプシー、ハンガリー人、トルコ人とともに、世界の他のあらゆる国々と戦った。この事実はわれわれに、ことは民族闘争や人種や文化ではなく、**国家の戦争**にかかわる問題であったことを示している。しかし国家は、不和の種があればあるほど、ますます強化され、それをとおして特殊化される。国家の解体とともに、不和の種は減少する。――なかんずく商務省にかんしては。たとえばいかなる国境関税によっても分離されていない二国間においては、深刻な不和にいたる機会は決して存在しないだろう。そうすると、そのような国家は多かれ少なかれ、互いの中へ溢れ出る。

そして、われわれが国家を解体すればするほど、事実はそのとおりになる。たとえ風が二つの水晶を激しくぶつかり合わせたのだとしても、それらは交互に突き当たり、傷つく。同じ風が接触させる二滴の露は、愛をもって互いに移行し合う。国家は、甲冑をつけていなければ隣人と話もできないような、強張って、生気のない、硬直した、魂の抜けた存在である。そして、国家が強化されればされるほど、ますます綻びた敵対的な殻である甲冑は目方を増す。

ことが階級国家、国民の注意を国内の敵から逸らすために国外の「敵」を必要とする、害毒に満ちた階級国家にかかわる問題だとすると、戦争はほぼ避けられないものとなる。

中世に戦争がなかったのは、単に当時は国家がなかったからである。諸国民は土地領主制、伯爵領、騎士領、司教区、大修道院領、帝国直轄領に分割されていたし、何らかの仕方で隣人や世界から隔離されているべきだという考えは、わずかな領域やこれらすべての生きた存在からはまったく隔たったものであった。今日の意味での境界は、存在しなかった。それゆえ、いかなる軋轢のもとも戦争もなかった（略奪欲を満足させる私闘は、個人的な敵対関係に向けられた）。

われわれが自らの近代国家を解体すれば、軋轢のもとや不和の種もそれと歩調を合わせて消滅する。またそれが起こるのと歩調を合わせて、われわれは恐ろしげな甲冑や武具からわれわれを解放する方向に歩を進めることができるだろう。

私は、国内の平和、害毒に満ちた階級国家の粉砕が国家の解体の前提条件である、ということを示してきた。それ自体健全で、そこには何らの特権も存在しないような秩序にはまた、いかなる敵も、外敵もいない。解体された階級国家が流しだす温かな正義の光は、諸国民の敵意という氷の鎧を溶かす。その光はそうするにちがいない。その光がこれを成し遂げるという信念がなければ、私は生きていけないだろう。正義は意気揚々と、諸国民や人間を分離し敵対させるあらゆるものを溶解させるにちがいない。それゆえわれわれは、国内平和のための前提条件をうまく捉えた後で、われわれの国家を解体してしまおう。国家による兵器の独占、軍事にかかわることも、心配せずに解体してしまおう。正義の勝利への信念、崇高な信念をもって、それをなそう。他の者が範を垂れるのを待たずに行動しよう。われわれが第一歩を踏み出そう。われわれはそれを後悔しないだろう。自由の精神は、意気揚々と世界を手に入れるにちがいない。もしそれができないなら、人生に価値はなかろう。人間にたいしていかなる信頼も抱けず、それでもなお人生を堪え忍ぶ、惨めな奴ら、腰抜けどもよ！　武器などなくしてしまえ！　解体しよう！　戦争省などなくしてしまえ！

　われわれは、自分のことを委ねてきた戦争精神、軍国主義を、権力の座に据えてきた。われわれは、世界で最も優れた軍隊、最も勇敢な軍隊、最大の軍隊を生み出した。そして、この最も優れた、最も大きな、最も勇敢な軍隊はわれわれを裏切り、われわれを不幸のどん底に突き落とした。大きな優れた軍隊がまったくわれわれの役には立たず、ただ害になっただけであるのに、われわれは今でも、規律の緩んだ軍隊、最良の戦士が戦争によって取り除かれ全滅させられた軍隊を、この地位につけておくべきなのだろうか。それはなんと馬鹿げたことだろう！　いや、そんなことは止めておこう。われわれはここで完璧な仕事がしたい。軍隊が全部揃っても一切われわれの役に立たないなら、半分ならなおさら役に立たない。われわれは決然たる態度で、非暴力の平和というウィルソンの思想の側に立とう。――武器などなくしてしまえ！　あらゆる人間にたいする愛と正義を、今後はわれわれの軍備、ドイツ人の堅固な城にするべし。「敵を追い散らすためには、太陽が輝きさえすればよい」とヘッベルも言っている。われわれは太陽のように振る舞おう。われわれがドイツ帝国を輝かせ、愛と正義の光を発するならば、われわれの仮想上の敵はすべて追い散らされるだろう。――軍隊がなくとも、Uボートやツェッペリンがなくとも、国民の敵意に訴えたり、われわれの「敵」に対峙して神に助けを請い求めなくとも。

法と裁判。法と裁判の国有化と官僚主義化、刑罰を科し、それを恣意的に量定する権力以上に、支配階級の松葉杖である国家に名声を得さしめてきたものはない。しかし、この裁判の国有化は、国家の雇い人になるため何年もかけて職業的に養成され、この養成に多大な金銭的犠牲をもたらす、すべての者たちを必要とする。私はこうした人々に、彼らが腰掛けている小枝を自ら手放す必要性を納得させることは諦めた。

国家は定式に沿ってのみ働く。機械そのものである国家は、機械作業を行なうことができるだけである。われわれは法と裁判を、いかなる機械にも引き渡すことはできない。それゆえ、ここでも解体である！　なぜわれわれは神への道と神の正義を、常に国家とその薄汚い副次的利益の上に見出さねばならないのだろうか。国家の雇い人はことによると正義をちらりと仰ぎ見るかもしれないが、それでも他の主人に仕えているので、正義にたいして目を閉ざさねばならない。しかしわれわれは、神を直視して、正義とは何かを知り、それに沿って法をかたちづくり、悪人を罰する。

正義とは何か。特権の否認以外にはない。社会内の各人にその立場を割り当てる、人間の競争のためのまったく平等な外的な装備が、人類の品種改良、神につながる、当然の選択によって望まれる正義である。このまったく正義にかなった外的な装備は、自由地を要求する。自由地は、正義の内容であり表現である。しかし、自由地の反対のもの、つまり略奪地を守るために、国家と法が創りだされた。だから、われわれの法の基盤には、略奪と不正しか与えられなかった。

法の民有化に向かって先導するなら、法は一貫した視点から導かれるべきものとなり、それを個々の自治体の恣意に委ねることはできなくなる。私は法を調べていない。われわれは法の観察のために、視点のかわりに、その基線が国民の目からなる大きな視角を創出したいと思う。各自治体は、理解したらすぐに、自らの完全に独立した刑法をもち、それを強化すべきである。だからわれわれは、前進のために必要な比較点を創出しよう。誰もどんな刑法が犯罪に待ち受けているかを知らず、ベルリンでは泥棒が改心のために年金を供与され、ハンブルグでは同じ犯罪に殴打の罰が導入されても、実際上、法は何の害も与えない。

法と司法制度の民有化は、およそ以下のように想定できる。各自治体は自らの民法法典、刑法、商法を有する。

独自の立法を完遂するためのコストがかけられない自治体は、すべての法と司法の問題において、他の自治体の法規を手本にする。その後になって、この自ら選びとった法令に従って行動することになろう。自治体の強制手段が、これらの法規に力を付与する。この法典と並んで、市民が自治体の裁判所に助けを求めたくない場合に相談することができる、平和もしくは仲裁のための私的な裁判所も存在する。特別な天分に恵まれたソロモンは、自らの法と裁判のための法典も発布する。それは、彼の契約における個人的なものによって、拘束力のあるものと言われる。手紙の頭書き、商人たちの価格表において、この法書は電信略号のように言及される。前もって何の取り決めもないなら、訴訟は自治体の司法制度に帰する。私的な法と裁判にかかわる事務所は、医者や弁護士と同様、顧客が頼りである。彼らには顧客を惹きつける利点がある。公正な法を弁じさえすれば、そうできる。だから、ラビがユダヤ教徒に対するように、自由裁量により完全に独立して判断する名判事が、いずれ職匠歌人や名外科医とならんで競争を繰り広げる。個々の判事の評判は、われらが外科医の評判のように、全世界に広まる。人々は法律上の厄介な問題をかかえて、遠くからソロモンのところに急いでやってくるように、アジア、リビア、エジプトからわれらの新しいソロモンのもとにやってくるだろう。そして、このような宣告を無視する者たちには災いあれ！

刑事裁判所は、侮られてきた市議会の手の内にある。「規定」もなく、前例にしたがって裁くのでもなく、自由な裁量にしたがって裁かれるだろう。保障のために、おのおのの事件は二、三の完全に独立した裁判所を通過させることができ、受刑者に課せられる刑罰の選択を委ねる。なかでも、冷血で事務的な死を教え込まれた死刑執行人は存在しない。判事は同時に死刑執行人である。それゆえ、死刑は最終的に廃止される。

法と正義――あらゆる精神的規律のなかでも最も高貴なもの――は、そのようにして普遍的な思考活動の揺るぎない財産となるだろう。そして、この高次の、最高次の課題に取り組むなかで、市民はより高次の人間へと上りつめることだろう。その際、真面目な研究によってのみ準備することができる課題が、市民に課されるだろう。「人間はより高次の目標をもてば成長する」

そうすると、正義感は再び生き生きとしたものになるだろう。まっとうな一線からのあらゆる逸脱を正義が知覚する能力をわれわれに与える器官に、再び血液が供給されるだろう。それは発達し、鋭敏になるだろう。社会生活において船乗りにとっての羅針盤に当たる器官は、先祖返りと先入見の夜の間われわれに道を示し、前進のために日の当たる広々とした街道を切り開くことだろう。

われわれは国家に、学校、宗教、医療制度、軍制、商業、芸術、学問の育成を委託し、国家はそのすべてを支配階級の犯罪的な私的利害に合わせ、ねじ曲げ、歪めてきた。国家は、人間の神聖な課題――正と不正にかんする判断――を横領した。習熟不足のせいで、われわれには正義のための器官、善悪の判断力が失われている。われわれは人間における神的なもの、正義への永遠の憧憬、天国に向かう唯一の希望までも、粗野な機械である国家に捧げた。――そして怪物は、それを跡形もなくむさぼり喰った。

それに固有の原則に従うわれわれの国家は、平和の真っ只中に、われわれとの平和と友好関係のなかで生きているベルギー人の土地に侵入した。われわれの国家は、友好的なすべての国民を火をもって荒廃させた。そしてわれわれドイツ国民は、怪物の好きなようにやらせた。われわれの正義感はどこに残っていたというのか。怪物がわれわれの名と責任において何か恐ろしいことをしでかしたのを、誰も目にしなかったのだろうか。誰もそれを目にしなかった。というのも、われわれは皆黙っていたからだ。国家はたしかに、われわれの利益になるように考える存在だった。われわれは、母親が工場にいなければならないので、助けを求めて小さな手をわれわれの方へ差し伸ばし、ゆっくりと衰弱して死んでゆく毎年三十万人の乳飲み子、いとしい、か弱い存在を目にした。それが誰を動かしただろう。われわれの正義のための感覚は、どこに残っていたというのか。国家がそれを差し押さえてしまっていたのだ。われわれは、贅沢三昧に暮らす高慢な一群の者たちの生活費を生み出すためにのみ、わが国民の幅広い階層が痛ましい関係のもとで死ぬまで絶えず働かなければならなかったのを目にした。誰も憤慨もせず、われわれは沈黙した。そう、われわれは国家に、われわれの魂、正義の器官、われわれの道徳意識を譲り渡してしまっていたのだ。魂のない機械がわれわれの魂を奪っていたのだ。国家、なんじ売女の、土地泥棒の、私有地の子よ！　われわれは汝を踏みつぶすことを欲する。法と裁判のための省庁などなくしてしまえ！

配偶関係。国家は人間生活の最もひ弱な花を金具で覆ってきた。国家機械は性愛生活に介入する。国家は、家畜の飼育と同じように、配偶関係戸籍簿と呼ぶ家畜記録簿をつけている。そして、この記録簿に記入されない婚姻はすべて無効と宣告する。国家は、離婚にたいする障害物を路上に置くことによって、失敗に終わった、自ら幕を引かれた婚姻を強引にまとめ上げる。したがって国家は、愛以外の何物によっても結びつけられないカップルからしか、正常で、幸福で、調和的な人間は生まれ得ないという、おのおのの人間のなかに生きている深い信念に違背する。それこそ猥褻行為、猥褻行為、獣姦であり、ここで身の毛のよだつようなものが推し進めていることに他ならない。人間の戯画は、このような強制関係から、精神病院、監獄、劣等人間――しばしばあまりにも多いと言われるが――にかかわる素材から、生まれる。

婚姻への国家の介入は、必然的に性愛生活にかんする人間の責任感の鈍麻という結果を招いた。われわれを形作り、われわれがそのおかげで動物状態から上昇した、最も神聖で重要な衝動、諸力は、国家の仲裁によって神経を磨り減らされる。もし国民の健康のための省庁を付与された国家、画一化された壮麗な国家が、おのおのの結婚、最も悪辣な利害からなされる結婚さえも承認するなら、子孫のために性愛生活を導く自然な衝動は、何の意味もないものにならざるを得ない、と思われる。まさにアルコール中毒のかたわらで、国家の権威がこの最も重要な、あらゆる人間の行為における自己責任の感覚を殺すようなものである。国家への信仰は、われわれを罪深いものにする。国家が黙認するものは許されている、と国立学校で養成された人間は言うが、許されているものはまた、慎み深くあらねばならない。

われわれは国家を解体することを欲する。性愛生活は、何よりも男女に生来備わったものである。われわれは配偶関係戸籍簿を廃止する。――だがそれは、金持ちの叔母の探索にだけは役に立った。

しかし、国家が包括相続人に指定されねばならない昨今では、配偶関係戸籍簿はさらにこの意味すら奪われる。系図のために配偶関係戸籍簿を維持したい者は、そのようなものを一人で作成すればよい。それがその本来の責務である。しかし私には、村長がクラウゼの出だろうがミュラーの出だろうが、どうでもよいことである。国家などなくしてしまえ。

いまや国家は、自らの強化のために、女性に選挙権を付与した。多くの者がエーベルトを選んだ。何の選挙が、女性にとってまず第一に問題となるだろうか。何の選挙権か。いったい何の選挙権か。彼女らは皆、実際にエーベルトだけを望んだのだろうか。女性は男性を、自分の子供たちの父親を、自由に選ぶことができる。国家、経済的顧慮によって、性的不道徳の道に追いやられることなく、である。大いなる、高貴な、人間の品種改良につながる淘汰権、それが真の女性選挙権である。国家が、国家によって保護された経済的状況が、この権利の邪魔をする。国家などなくしてしまえ。

神は人間の目的であり、目標である（フェルスホーフェン Vershofen「救世主 Der Erlöser」、オイゲン・ディートリッヒ出版　参照）

「愚か者の頭には、どんな空虚でむなしい望みも生まれない
心臓には、われわれが何かよりよいものに生まれることが予告される」

救世主、神になった人間は、まだ女の膝で眠っている。われわれに天国の門を開く救世主は、そ

こから来るだろう。しかし彼は、自由のなかで生まれなければならない。だから、国家などなくしてしまえ。国家は、われわれに天国への門を閉ざすケルベロスである。

それとともに国家は、その台座、交通制度（通貨、鉄道、運河、電報、船舶航行、航空）、その生の衝動があらゆる国境の障害物に向けられ、そのアンテナが世界を包摂するあらゆる制度にいたるまで、解体されるだろう。交通制度は、いかなる人種も、いかなる宗教、歴史、言語、国家指導者の私的利害も、関知しない。それは常に、自らのレールを世界じゅうのレールと連結し、接合するように努めている。それとともに、政治の唯一の高貴な牽引力である帝国主義的な思想の真の衝動が、われわれに明かされる。交通にとっては、あらゆる国境は常に一時的な性格しかもたない。交通は常に、国境の突破に向けて努力する。真の偉大な解放者である帝国主義は、常に交通からのみ発する。それゆえ実際のところ、一つの国家、世界を包摂するゆえに自らはいかなる国境ももはや有さない、汎帝国しか存在し得ない。この地上には、二つの国家のための空間はない。我か汝！

諸国家は、それらを分離させる交通境界が存続しなくなるまで、常に衝突するだろうし、衝突せざるを得ない。この衝突は、強化された諸国家、とりわけたとえばドイツ帝国のように模範的に導かれた諸国家、それ自体で完結した経済領域を目指している、戦争、大量虐殺、兄弟殺しにいたることが避けられない諸国家において、際立っている。国家からは交通制度しか残らないようにすることを目指す解体された諸国家間では、このような衝突は単に合流に、二人のひたすら結合することを目指す愛し合う人間におけるように、結婚に変わる。

　これにかんしても、われわれは解体することを欲する。諸国家の全般的解体。それが国際連盟の真の定義である。

　ひとは国家の目的を探し求めてきたが、今のところ無駄だった。数ある国家の目的にかんする定義はどれも、国家の本質と一致しない。特に民族思想から出発するときには、解消し得ない矛盾に陥った。結局のところ、「不労所得の強制的回収のための機関」というムキーデのいくぶん冷静な定義が最もよかった。しかし、この命名は豊富な政治的嗅覚を前提としていた。その結果、それはからくも無条件に承認された。

　いまやわれわれは国家の目的を知っている。われわれは、副次的目的に仕えていたあらゆる外皮を国家から剥ぎ取った後、国家のなかに単に交通の促進のための組織だけを認める。

結語

一定の重荷にたいして担う者の数が増えれば増えるほど、個々人が担わねばならない重荷は少なくなる。戦争は、担い手の数と力を同時にひどく消耗させる一方で、ドイツ国民に格別重い荷物を背負わせてきた。この重荷を担うためのより大きな体を作り出すのに、いつ成功するのだろうか。ことが権力を伴わずに進むということは、言うまでもない。ことによると、それは別の方法で進むのかもしれない。

われわれがわれわれの新たな自由国家の内的諸関係を、その国家から新しく強力な引力が放射され、他の諸国家がわれわれと統合され、そうすることでわれわれの重荷の負担が軽減されるに到るまで仕立てあげる、というのはどうだろうか。

この問いは、時代にとって何かかなり大胆なものであるように思われるかもしれない。ひとは都市を美化することによって外国の年金生活者をも強力な納税者としておびき寄せる術を心得ていた、あの自治体の政治を想起し、次のように問うだろう。いったいどんな国民が、ベルギーに侵入し、世界中から法的保護を奪われ、責任を背負わされた、ドイツ国民と繋がろうとする意欲を感じるだろうか。しかしそれにもかかわらず、もしわれわれがそれに正しく着手する術を心得て、自らの土地で模範的な社会状態を作り出し、生活と財産の安全、自由と独立を守り増進する術を心得て、共産主義、ボルシェヴィズム、社会主義、官僚主義に打ち勝ち、資本主義がわれわれを連れ込んだ袋小路から、個人の自由と発展の道への抜け道を切り開くならば、ことは進む。要するに、おのおのの人にたいする正義を目指す土地、民主主義国において生じるように、もしわれわれが経済上の財物における激しい損耗に代わるものを他の領域で生み出す術を心得て、外国の年金生活者にステーキ、ヴァーグナー音楽祭を提供する代わりに、すべての国の国民に実演して見せる術を心得ているならば、ことは進むのである。

物事にはそれぞれ二つの面がある。それには敗北もある。これは勝者にも当てはまることだが、ドイツ国民はいまや、被った敗北のおかげで、内的勝利に向けて市民に有無を言わせず犠牲を強いることができるためのよりよい準備が、精神的・経済的に出来ている。敗者には透視能力がある。敗者は、正と不正にかんする繊細な感覚を有している。正義の燦々たる光は、敗者においては、敗北のどんよりした雲と際立った対象をなしている。それゆえ、敗者は内的勝利、己とあらゆる特権にたいする勝利に、勝者よりもはるかに近づいている。そしてそれは、われわれの敗北の記念メダルの将来楽しみな、美しい側面である。どこかのある国民がかつて、古くからの問いを解き、資本主義を克服し、階級国家を踏みつぶす見通しをもっていたとしても、今それをもっているのはドイツ国民である。貴重な、二度と巡ってこない機会を、十分に利用しよう。キリストの夢、モーセの夢、あらゆる理想主義者、ユートピア主義者の夢を実現しよう。――今はもうパリに向けて死畜処理利用にドイツ資本が譲渡されたのだから、われわれにとってドイツ人はもはや存在しないし、障害となっていたわれわれの社会的発展ももはや取り除かれる必要はない。

そうすると、まさに私が言ったことが起こるだろう。すなわち、勝者として今は資本主義の枷、混乱から抜け出るのがいっそう難しい他の諸国民、ベルギー人、オランダ人、フランス人、イタリア人、ロシア人、イギリス人、デンマーク人は、ドイツの平和 - 能力中心の結びつきを追い求めるだろう。

このような期待のなかには、熱狂的なものは何もない。「軍国主義反対」という標語は、世界をわれわれの方へ導いた。いまや「諸々の市民と国民の平和のために、社会的正義のために」という標語は、世界のあらゆる国民をわれわれのところに連れてくるだろう。

そうなると、われわれが国際連盟への加入を請い求める必要もなくなるだろう。われわれ敗北したドイツ国民は、この新たな彗星の尾を形成するだろう。国際連盟はそのとき、社会的平和の単なる付随現象になるだろう。そうすると、ことはわれわれが来るべきパリの講和の修正を求める必要は一切ない、というに留まらない。――社会的平和から将来到来する大きな正義の波によって持ち上げられた諸国民は、この修正を自発的に行なうだろうから――彼らはやがて、われわれには正当にも不当にも見えるひどい仕打ちのすべてを、われわれに謝罪することになるだろう。

西洋の興隆

一九二三年の精霊降臨祭に向けて、バーゼルでの第一回国際自由地 - 自由貨幣会議において行なわれた講義

西洋の没落

西洋の没落から、過ぎ去った一世紀がその人々にとっては困難な工場労働、肺結核、絶望よりも多くのことを意味した、人々の集団において盛んに語られてきた時代へ移行します。資本主義的世界をその肩に担わねばならない、アトラスの後裔においては、彼らが崩壊に倦んでいるならば、しかも奈落への落下の際に重荷を引き上げるべきではないならば、それが**没落**を意味することはあり得ません。**アトラス**にとっては、没落は救済を意味します。ですから、彼は没落とは言わず、救済と言います。しかし私は、ここでアトラスの興隆について語ろうと思います。

それはそうとして、「没落」という表現は、備えができているように思われるものにとっては、的確なものではありません。ブロントザウルスは没落してしまいました。マンモスも同様です。バッファローにも同じく、没落が迫っていました。しかし後者の時代に、まだどこかでバッファローのつがいが発見され、わずかな年月保護された後、今では再びこの反芻動物の完全な群が放牧されています。彼らは再びプレーリーでの支配権を手に入れるために、新たな闘いに備えています。われわれ人間に予告された**没落**において、ただ一対の愛し合う男女がノアの洪水から救い出されるなら、そしてこの人間たちが内戦、国民戦争よりもよい楽しみを知っているなら、現在のように再び世界に人を住まわせるには、五百年もあれば足りるでしょう。そして五百年など、彼らの墓のかたわらを列をなして通りすぎていく者たちにとっては、なんの意味があるでしょうか。

それゆえ、予告された没落において問題となるのは、人類の没落ではなく、何かまったく別のこと、つまり今日の「秩序」の転落と没落、国家と自治体の崩壊なのです。しかしそれは、われわれの文化の外的な輝かしさに目を晦まされない者には、あまり悲劇的なこととは感じられないでしょう。こういう人たちはまだ上昇を目にしたことがないので、彼らにとってはいかなる没落もありません。彼らが過去に目を向けるときも現在に目を向けるときも、夢見ていようが目覚めていようが、日々徹底して呪わなかったものはありませんでした。しかもその上、先の見通しも多くの人々にぞっとするような恐怖しかもたらさなかったのです。いずれにせよ、自らにとってはまだ目指すに値する人生の楽しみがまともに打撃をくらうことになるすべての人々にとって、このような没落もつらいものがあります。そして、おのおのの人間からできるだけ苦しみと痛みを取り除きたいと思うわれわれには、その強張った眼差しが彼らの世界の没落を予期している、あらゆる人々の意気消沈がとてもよく分かります。しかもおまけに、われわれには「没落」という表現はまだ穏やかなものに思われるのです。なぜなら、もしそれがまだ方向を転換しないならば、恐れられている出来事を引き連れてくるだろう苦しみの範囲を、それがまったくカヴァーしていないからです。というのは、われわれはこの没落を、天空の崩壊、処刑、短い裁判という慈悲深いかたちで表象してはならず、またロシアやフランス革命におけるように、そこいらじゅうで見られる撃ち合いのかたちですら表象してはならないのであって、この没落は、ここで起こるであろうように、何十年、何百年以上も続きうる緩慢な死、赤痢を意味するからです。それは、その断末魔の苦しみが、詳しく見れば約千五百年間、つまりルネッサンスまで続いた、ローマ帝国の没落のようなものなのです。没落の繰り返しは、バビロン、エジプト、ローマで起こったように、絶え間のない内戦、飢えによる暴動、産業、農業、芸術、学問のあらゆる領域における衰退を意味し、われわれの孫がはやくも非識字者として、われわれの仕事の残骸を理解不能のものと見做すことを意味しています。その際彼らは、電信機の電線が家畜の囲いと見做されるべきか物干し用ロープと見做されるべきか、という問いをおそらく投げかけることになるでしょう。それも、女たちがその時まだ洗濯物とは何かを知っていればの話ではありますが。今日すでに、神学名誉博士のなかにはそれをもはや知らない者も多くいます。没落は、商業と交通が徐々にではありますが留まることなく消滅していき、大海が再びまったく孤独のうちに満潮を迎え、コロンブスの数百万年前のように、まだ船舶が航行していない状態になることを、意味します。つまるところ没落は、分業、商業、交通の完全な放棄、原始経済への回帰と、それにともなうまだゴリラの段階にある動物状態への回帰、を意味するのです。

没落の原因としての土地 - 貨幣制度、階級国家

では、絶対にそうならねばならないのでしょうか。災いが方向を転じることはないのでしょうか。まさか、われわれが常に発展の出発点に逆戻りさせられることが、物事の本性に基づいているとでもいうのでしょうか。人類はまさか、汐の満ち引きと関連があるとでもいうのでしょうか。人類はまさか個人のように、歳をとったり死んだりしなければならないとでもいうのでしょうか。人類の

発展のなかには、まさか季節、夏や冬もあるというのでしょうか。このような譬えは、さもなければ謎のままにとどまる諸国民の没落を説明するために、しばしば必要とされるでしょう。しかし何ものも、われわれにこのような比喩をもちだす権利を与えはしません。個人の死は、細胞構造の近親交配の毒を示すように思われる、内的過程です。しかし種の没落は、外部の状況によって生じさせられます。われわれが体験してきた動物の種の没落は、われわれの仕業です。マンモスは、人間が食べるために絶滅させなければ、おそらくまだ堂々たる群をなして生きていました。季節との比較はこじつけです。相当数の動物は、変化しつつある自然への適用能力の不足が重なって、死滅せねばなりませんでした。しかし、人間においてはこのような現象は何も観察され得ないということは、ローマ帝国の没落後に同じ人間が再び突然現われた、という事態がまさに証明しています。それゆえ、ことは有機的事象にかかわる問題ではありませんでした。人間ではなく、人間の仕事が没落したのです。没落したものは人間の仕事でした。さらに私は次のことを強調したいと思います。すなわち、古代の諸国家は、たとえば人間が当時悪徳にそまった生活態度のせいで滅びたから没落したのではない、ということです。人間は当時、今日頽廃現象の土台と見做されているあらゆるものをまだ免れていたので、今日の概念からすればかなり健康的な生活を否応なく送らざるを得ませんでした。当時は、工場労働も、大都市居住者も、じゃがいも酒も、アブサンも、炭鉱もありませんでした。それゆえ、当時は白痴者が生まれることもかなり少なかったのです。そして生まれた者も、もちろん自由競争で皇帝の玉座に辿り着いたのではありませんでした。溶鉱炉も、化学工場も、化学薬品もありませんでした。医者の技術も粗末なものでした。完全な健康をもたずに世界にやってきた者は、早期に死にました。奴隷たちが酔っぱらうことができるほどの小銭を受けとらなかったのは、確かです。奴隷は今日の競走馬のように、価値あるものとして面倒をみられました。彼らは肉体的に、われわれのいわゆる自由労働者より確実によく成長しました。拘留刑の特別な原因となるものは、わずかしかありませんでした。したがってここには、古代世界の没落の原因となるものが存在し得ないのです。ひょっとして社会の尖端が枯れるようなことがあっても、幹、根、奴隷や農民の大多数は健康なままでした。しかし一点において、今日の状況と古代ローマの状況は完全に一致しています。社会構造をなすものは、古代ローマにおいても、新世界と同様の地代生活者と労働者、享楽主義者と難儀な荷を背負い込んだ者でありました。鎖を巻きつける支配階級と、鎖を揺する被支配階級です。まさにわれわれの場合と同じです。その上われわれは、その点、すなわちこの国民の階級分裂の原因のなかに、完全な一致を見出します。ローマにおいて権利を奪われた絶えず反抗的な大衆にたいして武力と宗教的呪文で守られねばならなかったのと同じ土地所有権が、今日世界のいたるところでまだ通用しています。人間は今日、当時と同様に、土地所有者か希望のないプロレタリアートとして生まれます。また、結果として金利経済を生み出す古代ローマ帝国の貨幣制度も、付随現象として資本主義を有しており、売買に経済危機を持ち込まざるを得ませんが、それと同じ貨幣制度を、まったく同じ形態で、現代の文化国民も有しているのです。今日の貨幣制度と古代バビロニア‐ギリシア‐ローマの貨幣制度は完璧に一致しているので、今日ローマの硬貨を都市の瓦礫から掘り出す者は誰でも、このような硬貨を簡単に流通可能な貨幣と、いちいち値引きされずに世界貨幣と、替えることができるのです。

それにしましても、われわれが古代ローマの権利であると認識している、われわれの土地所有権、貨幣所有権は、まさに社会的秩序の基盤をなしています。何をするでもなくそれを手に入れ、厚かましくも人生を守り抜くことができるのです。それは、分業、産業、交通、商業の所有者です。それは、あらゆる社会的施設、あらゆる慣習と風習、結婚、都市の建物、建築、団地アパート、国内政治と国際政治、文学、哲学、宗教、老人ならびに若者の努力に、刻印、つまり権力、憎悪、残酷、虚偽、階級国家のうす汚い刻印を押します。われわれはすべてをそれに適合させます。内的にも外的にも、われわれはこの権利の鏡像になってしまいました。それは、われわれがそのなかで六千年来発展してきた、鋳型を形成します。そして、戦争、殺戮、強奪が、この形態の避難口となっています。そしてどんな戦争、反乱、革命も、今までのところ、この形態を打ち破ることはできていません。

いまやこのわれわれの社会秩序、いわゆる階級国家は、権力の上に築かれ、もしそれが倒れるならば、それを支える使命のあったあらゆるものを道連れにする権力の宿命をそれと分かち合うのみならず、まだ偶然に頼ってもいます。もし大量の金《きん》が発見されれば、それは倒れます。わずかしか発見されなくても、それは倒れます。それゆえ、それはあらゆる場合に倒れます。なぜなら、それは偶然に頼っているからです。大量の金が発見されれば、あらゆる物価はつり上げられ、さらにはその自然な序列から引き離されます。そしてそれは、われわれが戦争以来体験してきたことを意味します。それは、債権者の階級の没落を意味します。それにたいして、わずかしか金が発見されないなら、物価は押し下げられます。それは、債務者の階級の没落を意味します。そうであるならば、下落してゆく物価はまた、多くの大衆にとって国民経済全体の停滞、失業を意味し、それゆえ国民の幅広い階層の没落を意味することにもなります。統計は、統一国家の最後の年月に五百万人の失業者がいることを示していました。三十カ月にわたってどうやって自分の親族を困窮から守ったらよいか分からなかった、五百万人の家族の長です。われわれはこの三十カ月が十年、百年と延長されるのを、考えてみたことがあるでしょうか。そのときはまだ、アメリカ国民にとってはどうでもよかったことです。バッファローが以前の支配領域を再び寸分の違いもなく取り戻すために、次の闘いをひたすら待ちわびているように、今はインディアンがその原住民保留地で好機到来を感じとり、そのうち二、三十年間、失業が中断されるのではないかという望みを抱いているかもしれません。そうなると、ことによると原住民保留地には青ざめた顔の者たちがいることになり、赤い肌の者たちは再び以前のすばらしい自由を享受することになるかもしれません。このような役割交替は、金の発見という偶然にのみかかっています。というのは、将来商業が可能になるかどうかは金の発見にかかっており、さらにその商業に、文化とわれわれのバッファローやインディアンにたいする優位性を根拠づけてきた分業がかかっているからです。

したがってわれわれは、偶然によって促進されるならば、われわれに階級国家、社会の崩壊をもたらし、偶然が微笑まなければ、完全な溶解に晒される、経済的および国家的秩序を有しているのです。どちらにせよ、従来の貨幣所有権と土地所有権の上に築かれた国家は、常に再び没落せざるを得ないのであり、諸国家は常に没落してきたのです。その際に、われわれが国家をどのような外的礼儀作法をもって遇するかは、重要ではありません。そのレッテルがローズ油であろうとアブサンであろうと、君主制であろうと民主主義であろうと、この瓶に入っているものは毒でしかありません。われわれの社会秩序の土台は、どんな誇らしげな建造物も載せることができませんし、われわれがわれわれの国家を支えるために世界のあらゆる土地で行なうであろうことは、なんの役にも立たず、国家は余儀のない理由から常に再び没落するのです。たとえば国家が国民の愛や献身によって支えられ、世話され、甘やかされて、きわめて長く生を保つならば、国家はそのなかに起居する人間を超えて生き長らえます。そうなると、国家のなかにいる人間は、クリステン博士が社会的悪液質と呼んだ病気に罹り、破滅してゆきます。そのとき、愛国者は叫びます。万歳、国家は救われ、人間は死んだ、と。

道徳的要求によって、没落から救われるか

没落を予告する予言者は、それゆえ常に正しく予言します。悲観的な予言者は皆、常に正しく予言してきました。エレミアは正しさを失いませんでした。カッサンドラは常に正しかったし、シュペングラーも、もしわれわれが自発的に自らの運命に介入しないならば、正しさを失わないでしょう。予言者たちは、現象の解釈において判断を誤ったのです。彼らは皆、付随現象を原因と見做しました。それにかんしては、予言は何の役にもたちませんでしたし、それどころか多くの者を害しました。現象の誤った解釈は、われわれにとって誤った対抗手段に手を出すきっかけになりました。そこから、歴史の研究はあること、つまり人間が歴史から何一つ学んでこなかったということを証明している、という言葉が念頭に浮かんできます。通例、予言者の手段は、人間の本性の「改善」を求める、というものになります。人間は、いわゆる「道徳的要求」を課されます。それとともに、ぞんざいな仕事をする人々の統制が始まりました。各人は、人間に指示を出す能力があるつもりになっていました。国家、教会、哲学者は、哀れな人間たちに数えきれない決まり事を浴びせかけました。汝これこれをなさねばならぬ、汝これこれをなすべし、と。これは許され、あれは禁じられました。そのようにして、自分自身ではなく余所の存在に従っていることが一挙手一投足から見てとれる、あてにできないやつ、不器用な存在が生まれました。すべての者が怯えています。誰も自由な判断では行動しません。結局はいずれ、立法者自身でさえも、予言者から道徳として与えられた指示に従うことになるでしょう。おのおのの動物は、熊も甲虫も、自らの生き方、自らの種の保存のために必要な道徳を備えています。人間にたいしてのみ、善と悪、つまり何が正しくて何が間違っているかを区別する能力が否認されているのです！　人間はそれを、何千年も前にまったく異なった諸関係のもとに生きていた人々から、告げ知らされねばならないのです。

それにしましても、物事で最も厄介なのは、誤った解釈のせいでわれわれが現象の原因をさらに探求することができなくなることです。人間があまりにもよこしまだからローマ帝国やそれをめぐるあらゆる帝国が滅んだのだとすれば、いったいどうすればよかったというのでしょう。それはそうとしても、非常に多くの者がこの解釈の正しさについて語ってきました。それは、人間はその仕事と最も密接に作用し合っているからです。その仕事が滅びれば、人間も滅びます。飢餓、革命、内戦、社会的悪液質、絶望、自暴自棄は、人間を改善するには、まったくふさわしい手段ではありません。三十年戦争の後ドイツを旅してまわり、いたるところで強盗、ならず者にでくわした者ならきっと、なぜドイツはこんなにも落ちぶれてしまったのかという問いを発し、人間がそこでは何の役にもたっていなかったからだという答えを出したでしょう。今日の生活条件が続くなら、じきにまた、ドイツ国民について言われるであろうことと同じです。そうなると、哀れなドイツ国民は、各人自身が依然として誠実であり続け、自らの道徳に達することができるように、必要なことがなされさえすればよいにもかかわらず、道徳的な、もしくは道学者ぶった工場主に再び苦しめられることになるでしょう。その際には、諸々の状況の責任を国民感情の欠如に負わせるために、全般的な無秩序を利用する、いわゆる愛国者たちがまたぞろ登場することでしょう。そして、こうした国民感情を高揚させるために、確実に国民を煽動できる手段に手を伸ばし、最も低次の衝動に訴えかけることになるでしょう。外国の富を生み出すものはすべて、隠し通されるか蔑まれる一方で、都合の悪いものは不作法に踏みつけにされるでしょう。そして、とりわけ経済関係が世間一般に、もはや事態はうまく進まず、結局は悲惨な結末よりは結末のない恐怖を選ぶべきだという確信を目覚めさせるならば、戦争への機運がじきに再び熟すことになります。しかし戦争は、自明のことながら、災厄をさらに悪化させるだけでしょう。

国家が救済できるのか

道徳に姿勢の改善を期待する者たちの傍らに、いまや物事の核心に深く入り込み、全般的な崩壊を経済的な原因に帰する別の者たちが歩みます。しかし、彼らは今のところ崩壊の真の経済的原因を見つけ出していないので、彼らもまた付随現象にすべての責めを負わせます。そうなると、常に間違った答えを導くことになり、その際には、このような誤った選択をとおして悪を増幅させるしかなくなります。このような人たちは、救済措置を国家の手に委ねようとします。無職の人間は明らかにもう秩序だったことはやり遂げられないので、いまや国家がすべてのことをやるべきだ、ということになります。そうなると、いたるところで国家が容喙し、いたるところで仕事を台無しにします。自明のことながら、国家は若者の教育を手中に収めるにちがいありません。なんといっても宗教的感情に訴えかけることは非常に有効な教育手段となるので、宗教も国家の独占物にされます。全国民は、苗木畑の植物のように、ただ一つの観点にしたがって、当該官庁によって教育されます。そうすると、養成の一面性はまた、一面的な人間を生みだすことになり、われわれは、このような一面性が経営生活にたいしていかに破滅的に作用するか、を知ることになります。市民はあらゆる同様の養成を経験してきているので、もはや何も言う術をもちません。それゆえ、新たな出来事は常に、同じ側から考察されることになります。そして、彼らはそのようにして皆同じ意見となるか、少なくとも権力を有する多数派を形成するので、誰も敢えて異議を唱えなくなります。そうすると、大帝国が市民の一面性ゆえに破滅する、ということも起こり得るのです。私はここで、最近の宣戦布告のこと、さらには、戦争債権がどこでもほとんど全員一致で認められたという不可解な事実に、思いいたります。彼らは皆、同一の、絶対に過ちを犯さない学校計画にしたがって教育されたので、メダルの裏面を観察することができませんでした。どこにおいても見られる議会演説の水準の低さは、同じ原因に帰すべきものです。また、私はここバーゼルで、ブンゲとクリステンの職場、禁欲運動で有名な都市のことを述べたいと思います。人は皆、国立学校で調教され、互いに何も言う術をもたず、退屈しているので、仕事に就いて、酒びたりになります。彼らは酒びたりになり、他の理由でも確実に酒びたりになりますが、慢性アルコール中毒を撲滅せんとする者はすべての理由を探求しなければなりません。そして私は、これまでのところ禁欲運動においては、統一学校制度の、国家による市民教育の、愚鈍化作用や、それに関連するこの教育の慢性アルコール中毒への影響が、十分には評価されていない、ということを見出しました。われわれがもし国立学校をもっていなかったならば、われわれはあらゆる地方で、すでにどれほど前から、教師に禁欲を要求する両親によって導かれた学校をもっていたことでしょう。われわれはここに、国立学校と慢性アルコール中毒の密接な関係を見ます。しかし国立学校は、それに何か善きものを期待し、没落に立ち向かうことを欲する人々によって要求されたものなのです。

社会主義、共産主義、無政府‐社会主義の誤り

人間、国民が陥る老人性の衰弱症の説明を試みる際のもう一つの誤った決定は、観察されるいまいましい状態の責任を、今日の経済制度に負わせる人たちから発しています。彼らはすべての責任を**利己主義**、自己保存衝動に負わせるがゆえに、いわゆる利他的な基盤の上に築かれた経済‐社会秩序を、今日の秩序にとって代わらせたいと思っています。彼らはそれを、社会主義、共産主義、もしくは最近では無政府‐社会主義とも呼んでいます。職業労働につきものの苦労を乗り越えたり、精神的および肉体的な苦痛を耐え忍ぼうとする最も強烈な原動力を、彼らは取り除き、偽善者づらしたみじめな官僚によって説教される、新たな社会道徳の力に置き換えたがっています。公共の福祉のために、人間の福祉のために、われわれは努力すべきであるし、われわれは千メートルの深さの石炭採掘用の立坑を昇り降りし、そこで監督者なしに、人類を救済するための内的衝動にのみ駆り立てられて、たゆまぬ勤勉さで、おそらくまだわずかな賃金のために、曲がった姿勢で、裸のまま、汗みずくで、朝から晩まで数限りない危険にとり巻かれ、高齢になるまで、炭鉱夫が長らくそ

れなしで過ごさねばならない日の光のもとに石炭を運び出すべきだというのです。おお神よ、これはいったいどのようなたぐいの狂信なのでしょうか。真面目で、威厳に満ちた、真に尊敬すべき人たち、愛され、高次の心的態度を求める心で一致している人間たちであっても、社会的な病の診断において判断を誤ったために、また、付随現象を原因と見做した、もしくは今も見做しているために、物笑いの種にならざるを得ず、私はここでレーニンを思い浮かべているのですが、破産を宣告されねばなりません。このような社会主義的目標に、革命運動は喜んで仕え、内戦、農民戦争が引き起こされ、人々はおぞましい戦争で殺害されるのです！　撲滅されるべき悪の誤った解釈から出発しており、それゆえ悪を的確に捉えていない革命に、悪を増大させること以外に達成できることなどあるのでしょうか。そのような目標に人生を捧げることは、すでにして一つの悪ではないのでしょうか。

資本主義によって引き起こされた、社会的貧困、慢性アルコール中毒、女性の生殖道徳の頽廃

敬愛する出席者の皆さん、そろそろ現象の手がかりをつかみ、ついで有効な対抗手段を正確に把握する時間がやってきました。よい頃合いです。人間は仕事と密接に関連し合っており、もし仕事が駄目になったために人間が駄目になっているなら、人間が駄目になったために仕事が駄目になる時ももうすぐやってくる、ということを忘れないようにしましょう。歴史研究者たちがローマの没落について与えた説明は、間違っていました。ローマ帝国の大多数の国民は、心身の調子が

よかったのです。しかし、われわれは今日、われわれの国民の大多数にかんしてもはや同じことは言えません。この関係は絶望的に見えます。もし短期間で国民の大多数にとってのよりよい生活条件が作り出されないなら、まさに能力が破壊されてしまうので、われわれはもはや立ち直ることができません。産業化とともに国民が増加するのと同じくらい急速に、この産業化とともに生じる病気の結果として、国民は滅びてしまうでしょう。その際、産業化自体にこの現象の責めを負わすのは、私には的外れなことです。私がここで告発するのは、そのもとで産業労働者が生きている悲惨な諸条件なのです。産業化と資本主義。資本主義と社会的貧困。社会的貧困と慢性アルコール中毒。すべてが関連しています。そしてそのすべて、社会的貧困、慢性アルコール中毒、資本主義はまた、われわれの貨幣所有権、土地所有権の付随現象なのです。

しかしながら、社会的貧困、慢性アルコール中毒の他にも、一般的な堕落の原因があります。それは再び資本主義に帰すべきものであって、私見ではいっそう強力に作用しているのですが、それにもかかわらず、もし最悪の肉体的堕落現象にかんする統計に目を通したならば、そこに属する人々が驚倒することになる集団においても、残念なことに十分に重視されているとは言えないのです。私はここで、資本主義によって引き起こされた女性の生殖道徳の頽廃のことを言っているのです。クリステン Christen 博士が、非常に有益な著書『人間の生殖と改良 Die menschliche Fortpflanzung und die Veredelung』を著しました。私はこの重大な事柄において、いまだに唯一の普遍的自然の観点を強調し、特に女性の注意を、自然によって彼女らに割り当てられた、人類の普遍的救済活動における役割に向けたいと思います。仕事がどちらかと言えば男性の勤めだとすれば、人間はむしろ女性の勤めでありますが、人間と仕事は相互に関係し合っており、ともに繁栄し、ともに堕落するのです。

生殖道徳は、ヨーロッパにおいては、今までのところ、実際ユダヤ人と貴族によって占有されてきました。それは比類なきものであり、例の人種政策を促しました。それゆえ人種政策は、カップルをつくるに際して、持参金目当ての求婚者の熟慮よりは多くの熟慮によって支配されていました。それはその上、強力な近親結婚政策を、少なくとも公認で、押し進めました。彼らの嫁は、常に青い血を有していなければならなかったのです。この点で民衆を駆り立てたものには、非常に強力な生殖律法を選び出したモーセを除けば、侯爵は常に冷淡でした。そして、事物の本性は、民衆が近親結婚によって退化しないように配慮しました。それは、賃金を押し下げる者として労働者をあらゆる方面から駆り集めた、土地所有者のあらゆる利害以前の出来事でした。私はここでカール大帝が首を刎ね、スラブ人に置き換えさせた、八千人のザクセン人のことを想起しています。ドイツ東部の大地主は、常に労務者の導入に賛成でしたし、このような混血にとりわけ質朴な労務者タイプの人間を産みだすことが期待できるなら、この博愛主義者たちはゴリラさえも導き入れたでしょう。ヨーロッパのあらゆる国民のうちで、確かにドイツは一番、近親結婚に苦しまずにすみました。あらゆる地方の人種にとって、常に国境は開かれています。ドイツは常に、他の土地から追い払われたあらゆる者たち――たとえば、スペインから追い払われたユダヤ人、フランスから追い払われたユグノー教徒――にとっての避難所でした。スラブ人、モンゴル人、ジプシーが常に群をなしてやって来ましたが、誰も人種問題にかかずらう者はいませんでした。国家、教会、学者、報道機関は常に、この事柄にかんしては受け身の行動をとりました。要するに、人種思想は、その他のことと同様、ほとんどのドイツ国民にとって、ほぼ疎遠なものでした。ことによると、愛のなかには、財政的な影響によって歪められないかぎり、すでに人種衝動が含まれているのかもしれません。似たもの同志は愛し合う、という諺は、それを予示しているように思われます。しかしこの場合、人種間の生殖を考えうるかぎり最もしなやかであると同時に最も有効な方法で促進するためには、愛をあらゆる無機的な桎梏から解き放つことで十分でしょう。そうすれば、人間の本性は、それにとって最も役に立つものですが、ふだんはいとも簡単に思い違いをする理性が行なわねばならないことを、しかも自動的に、成し遂げるでしょう。その際にはまた、このような人種政策は完全に私的な事柄であって、国家に負担をかけるものではないので、それが社会秩序にとって危険をもたらすことなどあり得ません。その際には、法によりあらゆる人種が完全な同権を享受する、ということしか要求されません。一つの土地における諸人種の共存は、必ずしも混血の方向へ導かれる必要はありません。共存とそれによって可能にされた和解は、衝動に反した、ことによると有害な混血にたいする捌け口を提供します。また混血は、社会的な分離にいきつく必要もありません。それどころか、異なった諸人種の共存は、まず人種に配慮することを促し、さらにそれを超えて、人種間の生殖はいまや、土地を代表する異なった諸人種の女性のもとでの最も高貴な争いの対象に格上げされる、と思い描くことさえできます。愛玩犬の品種の改良を真面目に研究する代わりに、女性たちは、どうしたら自分のやり方を理想的な高みにまで育成することができるかを、思案することになるでしょう。そしてそこでは、モンゴル人、黒人、白人の間の人種間の競争は、非常に好意的に迎えられるでしょう。われわれのビール飲みの俗物の子供たちが、土地に住んでいるモンゴル人女性の子供たちにあらゆる分野で上回られ、われわれの女性たちがモンゴル人女性から、子供たちの劣等性はたいてい父親や祖父の悪徳に起因する、と教えられる場合を思い浮かべてみましょう。このような口、人種の違う女性の口から出るこのような言葉は、敬虔な教会の、党派的配慮によって支配されている国立学校の警告、「あなた方は体質的に耐えられないから、火酒を蔑視するのだ」と頻繁に言われている、禁酒主義者の忠告とは、いかにまったく異なった作用を、われわれの女性たちに及ぼすことでしょう。他の人間系統の母親たちとの競争のサーベルのもとで、今日まったく法と戒律の下に埋没してしまった女性の生殖道徳は、女性の本性の深みから再び立ち上がってくるでしょう。それゆえ私は、諸人種の共存のなかに、ともかく人種‐顧慮の第一の前提条件を見るのです。短所ではなく長所が、このような共存に期待されるべきなのです。自由地のプロパガンダに際して、評論家がひんぱんに、国家思想を人種思想と結びつけて、自由地は生殖道徳を阻害する、と主張しているので、私はここでこのような意見を表明しているのです。しかし、われわれが見てきたように、実情は反対なのです。

人間は単なる神の被造物ではない

もちろん、もちろん、女性たちに機会を与え、生殖道徳に配慮するためには、それに相応しい経済的前提条件が満たされていなければなりません。さもないと、われわれが述べてきたすべてのことが、予言者の警告、あらゆる改革者の努力のように、無益で空疎な言葉にとどまることになります。女性は経済的に男性から独立しなければなりません。そのときはじめて、女性は計算する代わりに選択することができます。そのとき彼女らは、愛の呼び声に従い、自らの密かな願望、自らの欲求に従うことができます。そのとき彼女らは、人間の本性を手に入れて、自らに相応しいものを生み出すことができます。かくして、人間の核が姿を現わします。そのときわれわれは、はじめて真の人間を目にすることになるでしょう。

人間は、もしわれわれが見逃すことがなければ、その発展において、外界、文明人、とりわけ経済的状況によって、妨げられたり、救われたり、伸ばされたり、形づくられたりするものです。この外界、この経済状況は、われわれがその内部で形成され、その輪郭を受けとるところの形態、鋳型です。しかし、人間の場合は、人間を他のすべての生物よりも傑出した存在にするものが、つけ加わります。人間は、人間を形づくる環境に介入することができ、それを意識的に、目標を設定して行なうかぎり、ある程度まで自らを形成することができます。そして、人間がその形成する力をさらに生殖道徳においても用いるならば、人間はある一定の自らによって選びとられた方向に向かって、自らを育てていくことができます。そして、人間が自然にたいして力をもてばもつほど、また人間が周囲の事物のなかへ精神的に浸透すればするほど、人間を形成する鋳型にたいする影響力は大きなものとなります。

すべてを認めるなら、われわれが好き勝手にアルコールによって愚かな種族を生み出し、神の似姿と置き換えることができた、ということを否定できないなら、人間にとってはすぐさま次の問いが生じます。「どの方向に向かって、人間は自らの発展を導けばよいのだろうか」「人間は偶像をつくりだし、それを生殖の模範として女性に吹聴すべきなのだろうか」。そして、彼女らに言うのです。「あなたたちの子供は、このような見かけになるべきである」と。しかし、人間は努力するかぎり迷うものです。それはたいてい、人間が、あらゆるもの、自らの環境全体が、永続的な変化のなかにあることを忘れているからです。そしてここでもまた、人間がもし何千年以上も効力を保ち続けるべき理想像を作り上げることを欲するならば、再び確実に迷うことになるでしょう。たとえば、人間が神にかんして作り出した像は、時の経過のなかで、いかに変化してきたことでしょう！　人間がその犠牲に供されたバアル神から、逆に人間のために犠牲となったキリストにいたるまで変化しました。発展を阻まれたものは、より発展しつつある環境を背景にすると、じきにカリカチュアとして浮き上がってしまいます。そして、このような発展の流れのなかで、われわれが神にかんして作り出す像は、じきに邪神像、身の毛のよだつ醜悪な顔に見えてくるでしょう。バアル神は、当時は壮麗な神でした。それは、その時代と環境に相応しいものでした。今日では、それは邪神に格下げになりました。万物は流転する！　すべてのものは流れゆき、すべてのもの、神像でさえ不断の変化のうちにあります。そして変化しないものは、没落します。数えきれないほどの神々、存在が、没落してしまいました。しかし、意のままに自らの形成に介入できる人間は、常に正しい進路をとっているかぎり、没落せずにすみます。それにしても、われわれが進路の選択に際して袋小路に迷い込まないことをわれわれに保証する者が、いかなる出口からも姿を現わさないなどということが、いったいありうるのでしょうか。

動物がそうしていると思われるごとく、人間が事態が進むにまかせるかぎり、たとえば人間が、愛する神が支配するにまかせ、今日の人間が没落した後、新しい、よりよい人間、今日のホモ・サピエンスよりも「よい」くらいの、思うがままに形成された人間が、それも大量に、創造力から生まれてくる、と信じるかぎり、人間は実際に自らの発展に介入するいかなる動機ももたなかったでしょう。なぜ「被造物」の運命をめぐる配慮が、そのようなつまらないものにされてしまうのでしょうか。六日間で太陽と大地を創造することができた神が、人間が慢性アルコール中毒の途上で愚か者に成り下がってしまうと、再び新たな人間を創造するだろう、というのです！　自らを創造行為の産物であると見做す者はおのおのそう考えるし、もし探求したいと思うなら、あらゆるビア樽の土台には常に、いましがた示された人間のつまらない起源への素朴な信仰を見いだすことができる、と私は確信しています。天と地の全能の創造者である神は、人間を罪人にし、われわれの責任感をだいなしにし、しかも、われわれは自ら愚か者の種族に成り下がったも同然のところまで堕ちてゆくのです。どうしてまたそうなのでしょう。むろんいずれにせよ神は人間より長く生き、神が没落の危機に陥らないかぎりは、人間がするあらゆることに、いかなる真の誠意もつぎ込むことはありません。われわれが、今にも「私がお前たち被造物に命を与えたのであり、私がお前たちを無へと投げ返すことができる」と言い出しかねない、**全能のもの**の影のなかを歩むかぎりは、むろんそんなことはそもそもどうでもよく、そもそもむだで、そもそも非常につまらぬことです！

人間が、自らの外部のものを支配する全能の神への信仰を脱ぎすて、いまや果てしない宇宙空間のなかでまったく一人っきりの自分を知るやいなや、事態はまったく違ったかたちで経過するようになります。人間が自分の手を、すべて自らのやり方で人間を導く神の手と混同するかぎり、ライオンの檻の前で父親に腕を支えられている子供のように、自らを安全であると感じ、温かい気持ちでいられました。しかし今は、宇宙にまったく孤独に放り出され、大地が人間にとって、騎手にとっての馬、難船者にとっての難破船でしかなくなるならば、内側まで突きとおる冷たい驟雨が多くの者を襲うかもしれませんが、深みから、人間の手足の骨髄から、まったく新しい感情、人間は実際、恣意的な行為、全能の神の所産以上のものであり、かりにそれが天国の製造元商標をつけていたとしても、市場の商品以上のものであるという感情が、湧き起こってきます。人間の生においてはじめて、責任感が人間を捉えるのです。人間は、何者かであることを自覚するのです！　そして、自己保存の本能が意識に昇ってきます。そのときそれは、もはや発育不全の動物の衝動ではありません。人間は自らの価値、自らの尊厳を自覚し、「たとえ天と地が消滅しても、人間はもはや消滅する必要はない」と、公然と言い放ちます。神が存在するとしても、その神は人間になるよりもよいことは何も行なえません。そして、今後人間が行なうことは、戒律に則ってではなく、自発的に行なわれます。十戒は、人間においては一つの戒律、すなわち「汝の正しいと見做すことをなせ」に集約されます。人間がなすことはすべて、自らの名においてなされます。人間は他者の力から離れ、もはや誰にも従いません。そして、人間を捉えた責任感は、もはや人間自身以外の何者も人間の運命や発展に影響力をもたない、という自覚に由来するのです。人間の境遇は、主君の首を刎ね、民主主義者として岩礁に座礁しないように、いまやはじめてみずから道を探求しなければならない、臣下のようなものなのです。

孤独な人間の胸のうちにある羅針盤

もしわれわれが、恣意的な外界の形成、恣意的な淘汰をとおして、われわれ自身の形成に介入すると、選ばれた道がわれわれを愚者の収容施設に導く、という驚愕すべき事実に気づくことになるということをかつて悟ったとするなら、われわれが進路を正すことのできる羅針盤はいったいどこにあるのでしょうか。

私はこの問いに答えるに際して、たとえば完全に孤立した人間なら立ちたいと思うであろう立場以外のいかなる立場も見出すことはありません。その人にとっては、人間、道徳説教者、立法者がこうした事柄についてこれまで言ってきたことはすべて、空虚で理解不能な言葉でしかありません。神に見放され、孤独に宇宙を通過していく人間が、「汝これこれすべし、これこれせねばならぬ、これはなさねばならず、あれはなすべからず」という言葉に向き合うとき、はたして何を思い浮かべることができるでしょうか。そのときここでは、誰が彼に命令するのでしょうか。彼は孤独で一人っきりではないのでしょうか。だから、彼はこのような言葉にたいして、「私は私にとって有利なことを期待しているので、それ自体正しいと思われることをする」と答えることしかできません。私の健康を増進するものはすべて正しく、それを減退させるものはすべて間違っているのです。「私の禍福」という言葉にはそもそも、虚偽のような真、醜のような美、不正義のような正義、悪のような善、要するに道徳説教者のまったくの空疎な言葉が含まれています。私があらゆるものの絶対的な尺度なのです。私が外界を支配し、意のままにするやいなや、その度合いに応じて、私は外界を我がものとし、私自身の欠くことのできない一部となすのです。私の商売の羅針盤は、それゆえ実際上、私の幸せでしかあり得ず、それゆえ正しさそのものでしかあり得ません。この羅針盤は、私が正しい道を逸れるやいなや、意欲と苦痛をとおして私を常にそこへ押し戻します。しかしこの羅針盤は、各人がその胸のうちにもっているものです。それが国家であろうと教会であろうと、誰がそれを出版したかを気にせずに、おのおの異なったベーデカー旅行案内書を拒絶し、人間は羅針盤に従うのです。生の歓喜の小道を辿れば、あなたは決してそれを後悔しないでしょう。そして、あなたが自らのために選び出した喜びが本物であればあるほど、その喜びは大きなものになるでしょう。それに、あなたが間違った道を進んでいるという不安は、まったくありません。あなたが踏み外した結果生じることは、苦痛をとおしてあなたを再び正しい道へと押し戻すでしょう。

女性の経済的自由、絶対的淘汰権、人類の救済

各人が自らのうちに担っていく、あらゆる行為のための羅針盤は、当然のことながら、おのおのの女性も自らが進む特別な道において備えていなければならないものです。われわれが生の歓喜の帳簿における赤字の補填のために、終わりなき発展の継続と高次の発展への信念を絶対に必要とするなら、この信念にはすでに、女性が前々から、何百年間にもわたる従来の発展をとおして、これ以上ないほどの無知の闇を貫いて彼女らを安全な道へと導いてきた羅針盤をもっていた、ということの承認が含まれています。さもなければ、いままで彼女らは、本当に数限りなく座礁を繰り返し

てきたことでしょう。彼女らの意志から独立した力が、彼女らを導いていました。この力の表われであると同時に彼女らを支配する優位性の証拠は、待望された子供のために父親を探す際の女性の愛と呼ばれる行動です。女性はここでは、衝動的に行動します。思慮深い観察者にとっては、このような行動はしばしば無分別であるように思われるかもしれません。しかし、それにもかかわらず、われわれは、女性が完全に自由に行動することができ、他者の、親類縁者や地方警官やペリシテ人の聖具係の道徳概念に配慮することなく、もっぱら自らの衝動にのみ導かれうる、という前提に立ち、女性は正しく、つまり重要なもの、子供、生殖道徳にかんして正しく行動する、という信念をもっています。こうした信念を、われわれは皆もっています。愛の文学は、まったくこの信念によって占められています。あらゆる恋物語の感傷性は、この信念に基づいています。われわれにとっていったい何が、このような信念のきっかけとなっているのでしょうか。ここでいかなる妄信にもかかわっていないという証拠は、どこにあるのでしょうか。このような信念は、たしかに理に適ったものではありません。たとえば、正義の証拠は存在しません。それなら、それは潜在意識の表現なのでしょうか。「思慮深い者の理性が見ないことを、子供らしい心情が純真さにおいて行なう」。おそらくそういうこともあるでしょう。というより、そうであるにちがいありません。というのも、人間が人生にとって重要な諸問題において、自らの衝動ではなく、自らの理性に導かれるに任せていたなら、人間はいったい何度没落していたことでしょうか。

われわれに人間のさらなる発展を信じさせる楽観的な人生観は、理性に淵源するいかなる道徳的要求も出さないので、それは戒律も禁令も要求しません。それは自由しか要求しません。自由な判断にしたがって行動する自由。愛の自由。拒絶の自由。共同生活を縛りつける束縛を解く自由。自分が愛していない、もしくはもはや愛していない、あるいは乗り物に乗って去っていくジプシーより愛していない男を去らせる、女性にとっての自由。再選択の自由。何百万人のなかから、場合に応じて、自らの子供のための父親を選ぶ自由。自らの選択の範囲を拡げるために、現代の交通機関を利用する自由。それゆえ、男性が金を求めて世界中を探鉱するように、世界中で探索する自由。しかしまた、もし女性が世界一周旅行の後、このような金は存在せず、国家や教会によって、アルコールや千もの悪習によって育成された、このようなだらしのない社会にはもはや、彼女がその種を永続化させたいと願うようなホモ・サピエンスのただ一つの個体さえも見出せない、という確信をもって帰宅するなら、母親になることを完全に放棄する自由。したがって、男性をお払い箱にする自由。したがって、絶対的な**淘汰権**。

いまやこの淘汰権に、われわれは人間のさらなる発展を期待します。われわれはそもそも常に、自由にたいしてあらゆる善を期待していないでしょうか。もしそうなら、われわれはなぜ、この最優先の事柄において、ルールの例外を許容するのでしょうか。われわれは常に、多くの場合は死に至るまで、自由のために、しばしば自由を、すなわちわれわれの夜警を自由な選択にしたがって選ぶためだけに、戦わないでしょうか。われわれは、理性、悟性、認識の助けを借りずに、内側から自由に向かって駆り立てられます。そしてこの衝動は、あらゆる民族において同様に強く、押さえつけることのできないものです。奴隷になるくらいなら死んだ方がましなのです。そして奴隷とは、自律性に従えない者たち、自らに発したのではない戒律と禁令に従わねばならない者たちです。しかし、この意味で、女性は今日不自由です。あえて自らの衝動に従うことのできる者は、ほとんどいません。その原因は人工的なものであって、純粋に人間のわざであり、女性、母親の自然な諸権利を奪い、男性への完全な依存関係のなかに連れ込む、われわれの経済秩序のなかに存しています。この経済的依存関係は、女性を麻痺させ、女性を罪深い存在にさせます。つまり、女性は自分のものではない衝動に従うようになるのです。しかし、女性だけが経済秩序をとおして、たまたま依存関係に陥るわけではありません。男性も、もはや女性の自由の管理下にないならば、奴隷に、悪習の奴隷になってしまうのです。女性の自由は、結局は男性の行動のための羅針盤なのです。女性の自由と男性の自由は、他の自由と同様、矛盾するものではなく、奇妙なことに補い合うものなのです。男性はいかなる抵抗にもあわないので、道を見失うのです。

われわれは、現在の種の劣等性の原因とみなすべき、アルコールや他の悪習と戦っています。風車との闘いです。アメリカにも同様の、戦争の英雄として褒めそやされてはいますが、飲酒禁止のために後見を受けさせなければならない男たちがいます。彼らは、そのあと家に帰って再び火酒の瓶に降伏するために、バッファローのように、狂った犬のように、ライオンのように、神や祖国や高次で崇高なあらゆるもののために闘います。そして、われわれは女性を男性への経済的依存関係のなかに連れ込むことによって、われわれはこの自立していない存在に女性たちを委ねているのです！　もし男性が女性の禁令に従わないなら、自由な女性は男性のもとを去る、という覚悟が男性にあるなら、慢性アルコール中毒やあらゆる悪習は、いかにすばやく根本的に克服されていたことでしょう。教会や国家の禁令や規則は、無視されるためにそこにあるのです。しかし男性が、女性の禁令を無視したら女性社会から追放される、ということを悟るやいなや、男性はたとえば火薬庫のなかでの喫煙禁止の場合と同じくらいの従順さで、このような禁令を尊重するでしょう。地方警官ではなく、女性が悪習を処罰するやいなや、悪習はただちに社会的タブーとなり、その結果、弱い魂でさえも、好むと好まざるとにかかわらず、禁令に従うようになります。それにたいして女性が実際的な顧慮から寛容なままであらざるをえないかぎり、慢性アルコール中毒も社会的に不快な悪習とは感じられず、学問が千回証明しようと、統計学がそのための証拠を提出しようと、しょせんわれわれはその途上で、愚者になっていきます。**教会、国家、啓蒙は決してわれわれを悪習から解放せず、女性の自由のみがそれを成し遂げるでしょう。**

したがってわれわれは、人類の未来は、女性が経済的に解放されること、女性が太古の時代には有していた自由を女性に返還すること、にかかっていることを悟ります。男性の自由は、同様に、女性の自由を必要とします。女性の不自由は男性の奴隷状態を意味しますが、しかもそれは類をみないほど男性の品位を傷つける奴隷状態であり、言い換えるなら、悪習の奴隷状態なのです。男性は、女性の不自由が原因となって滅びます。われわれが十全な権利をもって自由に期待する果実を女性がもたらす定めなら、男性の自由は女性の自由による補完を必要とするのです。

女性の自由と、それとともに生じる男性の悪習からの解放とともに、人生は真の生きる喜びの尽きることのない源泉となるでしょう。人間の品種改良の邪魔になっているペリシテ人は、砂漠に進路をとらざるを得ません。というのも、彼らがたとえどこを叩こうとも、閉ざされた扉に行き会うことになるだろうからです。この多すぎる者が地上に生きていた痕跡が人類の顔から完全に消え去るためには、長い時間を要しません。その暁には、自然ではあるが、自らのなんらかの種類の特権によって歪められた女性の社会における競争において、生まれつきの、それゆえ遺伝可能な、精神、魂、身体的優美さというすぐれた特性によって抜きんでる者にたいして、どんな神的な宝が妻の膝からまだ掘り出されうるのか、が最初に示されるでしょう。そうすると、女性は将来、もはや今日のように、人生のなかで好色な求婚者に言い寄られることもなくなるでしょう。女性は、一度ならず、常に征服されなければならないでしょう。女性は繊細な求婚の永遠の対象でありつづけ、死ぬまで、老年になっても、敬意や愛と命をかけて求婚されつづけるでしょう。そのようにして、性愛生活があらゆる出来事の中心になります。蜜蜂や花や極楽鳥の傍らにおけるように、雲雀のさえずりのもと、創造行為は創造祭の祝典になります。その際には、人間は再び、モーセの予言、ゲーテ、ニーチェ、シュティルナー、ブンゲ、クリステンの念頭に常に浮かんでいたような人間に、改良されるでしょう。その際にはまた、というよりその際にはじめて、われわれは、われわれの墓がいつの日か子孫によって辱められるようなことにはならない、と確信できるでしょう。さもなければ、彼らは、われわれが神の似姿を、性的不道徳、社会的悪液質、資本主義とそれによって一方的に押しつけられた教会や国家の道徳にいたる途上で、医学的権威や学問の第一人者の眼差しのもとにいながら、無駄にし駄目にしたことにかんして、間違いなく怒りをもってそうするでしょう。法律、禁令、ビール瓶の山の下に埋められ、悪徳の沼で窒息しながら、今日人間は漫然と過ごしています。自分の顔から、この山を取りのけてしまいましょう。いまはじめて、われわれは人間をあるがままに見ます。あなたの眼差しのもとで、人間が発展します。ゆっくりと、人間は沼から抜け出します。泥を、人間は投げ飛ばします。人間は成長します。人間は浮遊して、燦然と光を放ちます。神は汝の見るところのものなり。

恣意的欠陥の除去、楽観主義、希望

自由経済同盟、自由地・自由貨幣同盟（自由経済同盟ＦＦＦ、ベルリンＣ五十四、ゾフィーエンシュトラーセ六。重農主義協会、ベルリン。ラインラントとルール地域の自由経済ＦＦＦの闘争同盟、エッセン、ヒュットロープシュトラーセ九十四。スイス自由地・自由貨幣同盟、ベルン、エルラッハシュトラーセ五）は、神の人間化もしくは人間の神化のための経済的本性の前提条件のために障害をとり除くことを欲しています。もっとも、それが自由に、すなわち不自然な、道に迷った人間理性のおかげで存在している妨害からの解放に、期待されうるかぎりの話ではありますが。自由地・自由貨幣同盟は、いかなるものであれ恣意的に捏造された新秩序は追い求めません。同盟は、自然に成長した、人間の本性に相応しい秩序から、恣意的な障害をとり除くだけです。自由経済同盟が自由地、自由貨幣によってとり除くつもりなのは、まったく有機的ではなく、むしろ恣意的な欠陥であるということを、その世界状況の楽観的な見方は拠り所にしています。その努力の正当性を証明するためには、いかなる実験も必要ありません。過去六千年にわたって行なわれてきたことのすべてが、たとえ否定的な類のものであったとしても、実験でした。すべてが、自由地・自由貨幣同盟が正しい進路をとっていることを立証しています。それは、われわれの楽観主義に権利を付与します。しかし、われわれが行動への力を授かるためには、再び楽観主義が必要となります。西洋は没落を避けられない運命にある、という悲観的な見方とともに、救済のために働こうとする意志は萎え、絶望のあまり、その際にはすでに不可避的に、悲観主義者が予言することが生じてしまうのです。しかし、われわれがまだ希望を抱くことを許されているかぎり、すべては善きものとなり、このような希望を満たすために必要なすべてのものがそこにあるのです。なぜなら、希望から救済活動の力が目覚めるからです。さあ、船を救いましょう。ポンプを手にしましょう。流れは有利です。われわれは、彼方の自由の島に近づいていきます。われわれの力が尽きないならば、われわれわれは助かるのです。

解体された国家

法も道徳も欠きながら上方を目指す文化国民の生と行動

勝つ見込みのたたない闘いに身を捧げ、それにもかかわらず、支配者のいない人間的な社会の陽気な忍耐強い先駆者である、パウル・クレムとイルゼ・クレムに、彼らの家族とともに楽しく過ごしたすばらしい夏の日々の思い出と、その際に行なわれた刺激に満ちた語らいの続編である、この小文を献呈する（著者）

序言

無支配主義 akratische 思想は、かねて非常に多くの者を熱狂させてきたにもかかわらず、すでに久しく、理論的な観点から言っても、プロパガンダの観点から言っても、いかなる前進も見せていない。しかし、人間の努力には、停滞はあり得ない。前方への道を塞がれるなら、ただちに退却、しかも出発点までの退却が始まる。**無政府主義‐共産主義**のグループが無支配 Akratie の前衛とは見做されない時点で、無政府主義はすでにこの出発点にたどり着いてしまっているように思われる。というのも、共産主義はまさに出発点であり、人間の社会の原始的形態であるからである。資本主義が無支配主義者 Akraten の進路に置いた障害は、その前進に際して強靱な強制力をもって無支配主義者をまっすぐな道から逸らし、それを最終的に閉ざされた集団に導き入れた。そこでは、無支配主義的な前衛は、その後自らと統合し、無政府主義‐共産主義にするために、最終的に後衛の尻尾に噛みつく。無支配のための道は、自明のことながら、資本主義の屍を越えてゆく。というのも、資本主義は搾取を意味し、搾取の装置は自らの防護のために中央集権的な権力を必要とし、この権力は国家を意味するからである。なんといっても、無政府主義者は資本主義の克服のために、共産主義者が選んだ道以外の道を知らなかったので、無政府主義者が共産主義へ向かうのは、すでにしてほぼ避けられない展開だったのである。

この小文において試みられた無支配主義的な社会の叙述においては、いたるところで、社会における資本主義は、**自由地・自由貨幣・自由商業**の名のもとに幅広い集団で知られるようになった正真正銘の無支配主義的改革の途上で、これまでに克服されてしまった、ということが前提とされている（識者は、資本主義は地方では克服されていないことを知っている。私の叙述においては、この難点にかんしては、あえて無視せざるを得なかった）。

これほど小さな紙幅で広範なことを扱う論考においては、当然のことながら、無支配主義思想をあらゆる細部にいたるまで考究し尽くすことはできないということを、私は重々承知している。しかしながら、他方で私には、私が自らの目的の直線的で遠慮会釈のない追及に際して、いずこにおいても困難に際会しないという状況は、無支配主義思想の徹底した考究が、国家の余すところのない解体にかんして、もはやいかなる克服され得ない困難も明るみに出すことはあり得ない、ということを証明するものであった。それ自体は無支配と相いれないものではない改革の途上での資本主義の克服とともに、無支配のための進路が、少なくとも理論的には、開かれる。

私の最初の試論（『国家の解体』ベルリン、一九一九）においては、私はまだ国家の名残もしくは影を残しておかねばならなかった。というのも、私はまだ、貨幣問題の無支配主義的な解決にかんして、いかなる満足のいく形も見出していなかったからである。私は貨幣を貨幣局に委ねねばならなかった。そのために、無政府主義者の集団から私に多くの非難が寄せられ、私の論述の宣伝効果が損なわれた。この欠陥（実際はちょっとした疵にすぎなかったが）を、私は今は、おのおのの無支配主義者を満足させるにちがいない仕方で除去できたと信じている。

国家の解体の障害は、一般に思われているのとはちがって、軍隊、国立学校、国営企業（たとえば鉄道、郵便）、関税制度におけるような、国家が壮麗な姿で表われる領域にはまったく存在しない。こういった国家の専門領域の完全な解体は、経験上、日々、なんらの妨害も惹起することなく、実行することができる。国有鉄道のない国家は、すでに絶えず存在してきたし（フランス、イングランド、アメリカ合衆国、アルゼンチン等）、軍隊、海軍、植民地のない国家も同様である。障害は、警察、婚姻、医療制度のような、どちらかといえば人目につかないもののなかに存在する国家の専門領域において、あらわになる。認容のゆがんだ基準に基づいた予断によってあらぬ方向に向かわされることを望まないならば、ここでは時にはある種の頑固さが似つかわしい。それゆえ私はまた、若いころから密かな愛情の対象として国家の解体という思想を育んでこなかった多くの人々が、私が大真面目で官僚的な司法制度を**自衛権**に置き換えることを提案すると、茫然自失してしまうだろうことも分かってはいる。もし私がそういう人に、その人自身がまさに家族において、したがって弱き者と最も弱き者にたいして自衛権を行使していること、その人がその父親、教師、若い仲間によって、自衛権をもって教育されたこと、国家は下士官、警察、死刑執行人をとおして、とどのつまりは自衛権以外の何物でもないものを行使していること、を示すならば、彼らはただちに私をユートピア主義者と呼ぶだろうし、その後もさらにそう判断し続けるだろう。「**権利**」の背後にいかなる自衛（げんこつ）も見ることができないなら、なにか完全に実体のないものが問題となっていることになる。自衛は、すべての単なる仮想上の状況下での、最終手段である。ではなぜ、物事が正しい名前で呼ばれると、驚愕するのだろうか。自衛権と言うかわりに、私は**自然権**、自己防衛、自力防衛という言葉を用いることもできた。それは、まったく同じ事柄についての別の名称である。彼らはそれにはそれほど驚愕しない。しかし、彼らがそれほど驚愕しないという事態はすでに、これらの表現はその事実に即した内容を不完全にしか覆い隠していない、ということを証明している。それゆえ、言い繕わないために、私は自衛権という言葉をそのまま使った。

ところで、**解体**という言葉には、慎重な、計画通りの出来事という意図が含まれている。解体においては、曲尺も分銅もない**撤去**が重要であるわけではない。したがって、国民心理の抵抗が最も小さくなるところで、思慮分別にしたがって、それに取りかかることになろう。終戦以来、ドイツではすでに、むろん再び別の場所で新たなものを開拓するためだが、多くの方面で解体が行なわれたきた。社会民主主義者がいなかったならば、われわれはすでに、今日ではあえて揺さぶることさえできかねる多くの者たちをことによると熱狂させていたかもしれない、本格的な解体について語ることができていただろう。君主制は解体されてしまった。それは異論をさしはさむ余地のない事実である。ひとは天が崩れ落ちてしまった、と感じるだろうか。教会も同様に解体されてしまった。それがどこかでメリメリと音をたてて崩壊しただろうか。軍隊にかんしては、惨めな残骸が残っているだけである。ドイツにおいていったい誰が、自分が安全ではないと感じるだろうか。植民地は譲渡された。原料は不足しているだろうか。そして、いたるところで関税境界の撤廃に強い意志力をもって取り組んでいる。ブリアントは、いずれ年配の男として晴れがましい日を体験することを期待している、とさえ述べている。そして世界のいたるところで、少なくとも経済的領域においては、国家の干渉は妨げにしかなり得ず、はっきり拒絶されるべきである、という認識が拡がっている。しかし経済は、詳しく見れば、社会生活全体を包摂するものである。

ただし私はここで同時に、解体へとつき進むいわゆる国家の専門領域は、無支配主義の根本理念とはほんのわずかしか関わっていない、ということを白状したい。しかしながらともかく、それはわれわれの進路における、その意義が教育的な観点から言って過小評価されるべきではない歩みである。多くの者が言うように、かつて国家に押しつけられた重荷を再び下ろすことができるとしても、他のまだ多くの者が余計なことに、また国家に重荷が押しつけられることを望む。そうすると早くもこの点から、時として自ずから、全体に目が向けられ、「はたして国家は、全体として、実際上必要不可欠なものなのだろうか」という批判的な問いが、習慣的思考のぬかるみから立ち現われる。

無支配主義者の理想は、天空の高みに立っている。人間の誇りに奢り高ぶり、傲慢な態度をとることを当たり前とは思わない者は、きちんと背筋を伸ばし、もし自らの先入見の雲の背後に隠れている目にたいしてこの壮麗な像の輪郭が閃くべきなら、その目を研ぎ澄まさなければならない。

シルビオ・ゲゼル

オラニエンブルク-エデン、一九二七年十月

どうしてそういうことになったのか

亀裂が諸政党の土台を貫いた

これまでのあらゆる革命の失敗について考えてみるまでもなく、革命的闘争や共同墓地への途上で、存在するものの単なる破壊以上のことが成し遂げられうるとは、信じがたい。建設的な仕事にとって、実際に根底から覆す改革の研究にとって、市街戦やバリケードにおいて、勇気と大胆さによって大衆の信頼を獲得し、指導力を勝ち取った男たち（女たち）が、当たり前の存在であってはならない。彼らは暴力によって先頭に立ってきたのであり、もし彼らが先頭に留まりたいならば、いまや暴力なしで過ごすことはできない。そして、暴力支配によって、彼らは意志に反して、古い転覆された秩序の復旧のための心理的前提条件を作り出しているのである。しかし、そのとき自問自答することになるだろうが、もし自らの一部となっている暴力が彼らにとって目的達成の障害となっているならば、いったいどうやったら、われわれの根底から破壊された社会生活において、抜本的な改革にいたることができるのだろうか。このような改革が、議会主義に到る途上で、したがって党派的な演説によって、遂行されうると、想像することができるだろうか。いったい何によって、このような議会主義的闘争はバリケード闘争と区別されるのだろうか。市街戦はまさに戦争と同じく、「別の手段による政治の継続」ではないのだろうか。議会における演説は、パリスとアキレウスが互いに死戦に駆り立てられた罵り合いと、まったく同じ目的、同じ効果を有している。それともすでに、議会の弁士は自らの政党に敵対する者を、自らの立場に誘い込んできたのだろうか。——些細な問いにとどまらないことが問題となる場合には、政党演説は結果的に殴り合い、市街戦に到るしかない。

そもそもこのような袋小路からの出口を切り開くために、ここで目に浮かぶように物語られた国会審議において、第三の可能性、すなわち党派闘争である**議会主義の議会による破壊**が当てにされる。それはここで、あらゆる人間において非常に似通った行動、理想主義的な努力として姿を現わす、すべての人間に多かれ少なかれ強く根づいている（自己保存衝動の変種と見做される）**種の保存衝動**が、われわれの堕落した世界を根本的に変革するための拠点として用いられることによってなのである。なんといってもキリスト教においては、この種の保存衝動が格別力強く、かつ詩的に美化されたかたちで表現されてきたので、ここではキリスト教が政党政治にたいする破壊槌として選ばれた。自らをキリスト教徒の一員と見做す者は、カトリックであろうと、ユダヤ教徒、プロテスタント、はたまた共産主義者であろうと、それにもかかわらず、ここで物語られた議会的・政治的発展をユートピアや狂信と呼ばねばならないと信じているが、その際には同時に、自分が根本的にいかに鈍い頭脳の持ち主であるかを認めなければならないだろう。あらゆる人間にたいする愛、はてしのない愛の絶大な力を信ずる人間だけが、キリスト教徒を自称することができる。しかし、キリスト教を説いて廻って、その後自らが種を蒔いたものを両手一杯に収穫することが問題となると、今度は驚いてキリスト教をユートピア、狂信呼ばわりすることは許されるものではない。キリスト教を本当に信ずる者は、盲目的に恐れを抱かず、いつでもキリスト教の実現のために自らを大地に植えつけることができると思っているし、そのための準備ができていなければならない。それができず、それを信じてもいないキリスト教徒は、本当はまったくキリスト教徒ではない。そのような者は低俗な、洗礼を授けられたペリシテ人であり、その者にとってのみ、独裁者の通告が社会秩序の基盤として考慮に入れられると言ってよかろう。

ドイツ国議会における母親年金

一九三一年二月三十一日からのドイツ国議会の討議

議長　これより会議を始めます。議事日程に、アドレアス・ミュラー議員によって提出された法案が載っています。

1、地代の貯蓄銀行が設置され、そこで土地のすべての地代が管理され、そこから土地に居住するすべての母親に、各人の子供を特別扱いすることなく、年金が継続的に支払われる。この年金の金額は、入ってくる地代の金額にのみ則り、それは言及された目的にのみ利用されることが許される。

2、地代の把握は、全土地（耕地、牧草地、山林、建築用地、鉱山、水力、港、猟場、漁港など）が国により買い取られ、国債証券で支払われ、その後そのようにして発行されたこの国債証券が、右記の国債の所有者にも課される一般的な財産税によって償還される、という仕方で結果として実現される。この償還過程は、一九四〇年までに終えられねばならない。それから1で言及された年金のために、地代が自由にできるようになる。

3、2で言及された財産税は、等級をつけられることになる。

4、婚姻にかんする立法は、母親年金が滞りなく流れ始める日から、権力の外に置かれ、国家にたいして家族・性愛生活へのさらなる干渉を禁止することになる。戸籍簿は非公開となり、博物館に引き渡される。

法案の説明のために、アンドレアス・ミュラー議員に発言を許します。しかし、私は法案の過激な意味を検討するに際しての激しい衝突を予測して、言論の自由を守るために、強力な警察力を呼び寄せておいたこと、そして私の権利と義務を確保するためにはこの力を遠慮会釈なく用いるつもりであること、を付け加えておきたいと思います。その上でさらに、最近の騒乱場面以来、交渉のために多くの家族がリボルバーをもたされているということを耳にしているので、今日は徹底的な身体検査がなされるべきです。この必要な措置を抵抗なく受け入れてくださるよう、皆さんに懇請いたします。議会主義は、今日、試練を受けさせられているのです。この最後の会議が、ドイツの、そしてまた議会主義そのものの終わりとなるかならないかは、それにかかっているでしょう。すでにしばしば、議会制度には根本的な事柄を処理することはできない、と主張されてきました。この主張は、もし政党の討議をとおして明らかになった、法案の賛成者と反対者の数の拮抗に際して、議会という形式で折衝が継続されうるなら、さらには、国民がわれわれの採決の結果を遠巻きにして、従順かつ無言で服従するならば、あらゆる時代、あらゆる国家と国民にとって誤りであることが証明されるでしょう。希望が国民のうちに呼び覚まされるにつれて、危惧もそれに応じて煽動的に誇張され、途方もないものになります。このような国民の精神状態に、今のところまだわれわれの話し合いをとおして栄養が供給されていないことが、議会主義のために役に立っています。私は議員の皆さんに、演説においてすべてのことをよく考慮に入れてくださることを、お願いいたします。今日、議会主義を断念するなら、われわれは独裁制か国家の解体（無政府状態）かの二者択一の前に立たされます。――ミュラー議員！

ミュラー議員は演台に登り、あらゆる政党から一斉に罵詈雑言と歓呼の声を浴びながら、挨拶する。観衆から花束と、掻痒散と悪臭弾の詰まった袋が丸ごと、ホールに投げつけられる。そこでは、粗暴な殴り合いがたちどころに起きる。警察は逮捕にとりかかり、煽動者を排除する。公衆は煽動者の退去に際し、ドイツ国歌、インターナショナルの歌、そして奇妙なことに、出席者の一人は母親年金という考えに触発されて即興で作曲した子守歌を、歌いだす。

この際とそれに続く経過の説明のために、ドイツの議会の経過について知らされていないすべての者にたいして、これは「こちらに財産差し押さえ、あちらに母親年金」というスローガンのもとに選挙が行なわれた、改選されたドイツ国議会の最初の会議である、ということが述べられるべきだろう。数限りない選挙演説会と煽動的な演説をとおして絶えずまた新たに煽り立てられた、全土の混乱は凄まじいものだった。とりわけ女性において、期待が大きかった。投票率は、ほぼ一〇〇%に達した。殴り合い、謀殺、殺害は、日常茶飯事だった。なんといっても今日決定的な力をもった多数派である女性たちが、当然のことながら母親年金に賛成だったので、母親年金の案件に最低でも支持を約束する候補者だけが、国家の日当を得る見込みがあった。そのようにして、あらゆる政党、ドイツ国家人民党、中央党、社会民主党に、まったく新しい構成員、母親年金にかんする法律とそれに付随することを支持する公共の義務を負った人々が、やって来た。それによって、諸政党の団結は失われた。**亀裂が党派闘争の土台を貫いた。**古くからの政党指導者は、指導力と権威を失った。個々の議員は、はじめて自らを自立した、自己責任を負った存在と感じた。それはとりわけ、選挙戦によってドイツ国議会において大きな人数を占めるようになった、多数の女性に当てはまった。亀裂ははじめて、綱領の経済的内容によって惹きつけられた構成員を、それを大真面目に、経済的核心を包み、覆い隠すのを常とする、理想主義的な小さなマントとともに受けとった人々から、きっぱりと明確に引き離した。綱領の経済的内容は、それからも依然として諸政党を分断した。つまり、経済的内容が先鋭化すればするほど、それは理想主義的な目的という背景から浮き上がり、一方では逆に、根本的にあらゆる人間において、キリスト教徒、自由思想家、ユダヤ人、トルコ人、共産主義者にたいする磁力のような引力と同じものである、純粋な理想的努力が作用した。こちら側にはたしかにより小さいが緊密な集団がいて、あちら側にはより大きいが統一性に欠ける多数派がいた。資本主義的な諸政党の主導的な構成員たちは、地代と金利の受取人のまだ死に絶えていない利害のせいで、あまりに激しくやり合い、闘争に際しての熱意のあまり、個人的に、またお互いに、あまりに激しく感情を傷つけられたので、その他の共通の利害の擁護にかんしても連携できなくなってしまった。

アンドレアス・ミュラー　皆さん、わが国民は何世代にもわたって下降線をたどっています。今日のわれらが夫人たちと古代ギリシアの造形美術品を較べてみるならば、われわれは恥ずかしながら、力、美、精神における基本財産はもはやほとんど残されていないことを、告白しなければなりません。さらに先に進むなら、たちまち、われらが若者たちがこのような健康と美の生きた見本を探し求め、その後絶望して父親たちを呪い、その墓を穢す時がやってくるでしょう。というのも、この現象にかんして、父親たちが性的不道徳を極限まで押し進めたから、という以外の説明を、彼らは正当なものと認めないだろうからです。多くの誠実な市民はなんとしても、われわれやわれわれの先任者たちによってつくられた婚姻法が性的不道徳を予防し、なによりも種の保護、種の改良の要求に役立つことを、求めています。とんでもない大間違いです。国家は、性愛‐家族生活への干渉をとおして、反対のことを促進しています。国家は概して、婿候補の身体的資質にいかなる条件もつけません。それ自体は確かに間違いではないですし、反対にまさに性愛にかんする事柄においては、各人が自らの流儀で幸せになるように気を配るべきです。しかし、国家が全般的に婚姻に干渉し、その際におのおのの婚姻、最も嫌悪を催させる不道徳な婚姻に制裁を加えることによって、国民のうちに、瑣末なことが問題となっているだけで、品種改良は最良の秩序のもとにある、という信念が定着します。国民が以前は不道徳な婚姻をそれによって阻止しようと努めていた、ケッセルとハーベルの活動は、無関心に道を譲ってしまいました。画一化した国家、輝かしい国家は、確かに責務を一身に背負いました。国家が許容するものは、道徳的であるにちがいない。そう国民は考えました。われわれは確かに、無数のケースで国家によって不道徳、何もよいものを生まない婚姻として制裁を加えられた婚姻を見聞きしていますが、それにたいして国家の方でも何も異存はないので、錯覚が問題にならざるを得ません。われわれ市民は、制限された臣下的な理解力をもってしては、はっきりしたことは分かりません。このような感覚に表われている責任感は、確かにおよそ後見人を立てられたすべての人間において責任感が衰えているように、国家の介入によって失われてしまいました。後見役をつとめる国家がなければ、いまやその産物が病院と刑務所をいっぱいにしている、数知れぬ誤った婚姻はなされなかったでしょう。われわれがさらに人種の衰退の原因を追及するなら、われわれはすぐに慢性アルコール中毒やニコチン中毒や似たような悪癖にいき着きます。それにはきっと多くの、途方もなく多くの害悪を書き加えることができるでしょう。そして多くの者も、ここに主要な原因があると信じています。彼らは間違っています。慢性アルコール中毒は副次的な現象、つまり婚姻の、性愛 - 家庭問題への国家の介入の、副次的な現象なのです。婚姻によって鎖に繋がれた女性は、生来の悪癖にたいする反感が働く余地を与えるべき立場（たとえば身重の女性たちにとっては、酒びたりの環境や煙草のもうもうたる煙のなかにいることは非常によくないので、彼女らはその場を立ち去らなければなりません）、すなわち、酩酊して煙草の煙に包まれて帰宅する男性たちに絶縁宣言をつきつける立場にはありません。女性が自由なら、国家から自由であるのみならず、経済的にも自由なら、このような男、このような怪物に一瞬たりとも同居を許すことはないでしょう。アルコール中毒者はもはや、不快極まりない社会を耐え忍ぼうとする女性を見いだすことができず、したがって当然、子孫も残せないでしょう。第七世代になってはじめて、父たちの罪のせいで種が滅ぶのではなく、すでに悪徳の道の第一区間で、このような個人は死の海に沈むでしょう。また逆に、もし男性がいずれ、自由で経済的に依存していない女性に出会いさえすれば、その女性の好意を失う恐れが、男性をして悪徳に身を委ねることを思い止まらせるだろう、と言うこともできます。なぜなら、現行の婚姻法と経済的依存性は女性たちに屈従を強い、国家と警察は夫に妻を保証し（今日はまだ、男性は逃げ出した妻を警察が自らのもとに無理やり引き戻すことを、強く要求することができます）、夫はこうした面で安心していることができ、不快極まる悪徳の虜となることに何の恥じらいも抱かないからです。男性は、妻を娶ることに何の努力もいらず、妻を確保しておくことには、さらにいっそう何の努力もしなくてよいのです。妻への顧慮は、堕落に向かう悪徳の道にもはやいかなる抑制の契機も組み込むことはありません。男性は、困窮にかこつけて妻を再び彼のもとへ追いやる、大ポン引き国家をあてにしており、そこからわれわれは、実際上、慢性アルコール中毒にかんしては、一次的な現象ではなく二次的な現象が問題となりうるのであって、その二次的な現象は原因が消滅すればすぐ、自ずから消滅する、という論理的な結論を引き出します。われわれは慢性アルコール中毒を撲滅するために、あらゆる悪徳を打ち負かすために、国家に仲介を頼む必要はないのです。アメリカ流の酒類製造販売禁止は悪を増大させますし、そうなることには無理からぬものがあります。なぜなら、そのような禁止は悪の根源に触れないからです。アメリカ人がそれに反して、われわれが本日ここに提出されている法案によって目指しているように、女性を解放しようと思うなら、実際上笑うべき効果しか上げていないように思われる法的な酒類製造販売禁止は必要ありません。つまり彼らは、頽廃現象の最終的な諸原因がどこに合流するのかを、認識します。何百年、何千年にもわたって、以前からずっと、皆さん、美徳が説教され、悪徳が厳禁されてきましたが、それが何の役に立ったでしょう。男性は権力にのみ屈伏し、そしてその権力は女性にしか屈伏することはありえず、自由な女性がそれを行使します。女性を経済的関係において自由にし、婚姻によって課された束縛から解き放ち、性愛生活を管理するあらゆる法律を廃棄し、品種改良にとって最も重要な行為において女性の完全なる自由意志を認め、女性に選挙権と、再び大いなる自由な淘汰権と、その他のすべてのものを与えるなら、性的不道徳にたいする説教はそのとき以後必要なくなるでしょう。頽廃の原因がとり除かれ、人類の新たな興隆への道が再び自由に与えられます。どのような高貴な影響を女性が男性に及ぼすことができるか、をわれらが詩人がわれわれに示しています。そして私には、もし女性の依存がこのような興隆を以前から常に妨げていなかったら、人類はもうだいぶ以前から今日の水準を超えて上方に育成されていただろう、という仮定は自明のことであり、十分に根拠のあることであるように思われます。

皆さん！　われわれは、男性の自由が彼らの調和的な発展の前提条件である、ということを容易に認めるでしょう。またわれわれは、国民の政治的独立がその文化の揺り籠である、ということを認めます。どうして女性の場合にも、同じ原因が同じ作用を引き起こさないはずがありましょう。われわれの個人的市民的自由を守るために、われわれは常にあらゆる犠牲を払う心構えができています。われわれは、国家収入の三分の二を喰う膨大な軍事費を、文句も言わず負担しています。いまや不釣り合いなほどより大きな目標、わが国民の改良が問題になっていながら、われわれはお金を惜しむでしょうか。淘汰の自由、それなくしては、退化していってはならない人類の受肉をわれわれがそれに負っているところの、他のあらゆる自由は何物でもなくなってしまう、あらゆる自由のなかでも最上位の自由は、金銭的犠牲の前で旗を降ろすべきではありません。淘汰、選別をとおして、アメーバは両生類、四手獣、人間へと進化しました。そしてその人間は、淘汰をとおして、それを支配する法則に基づいて、進化すべきです。もしこのような進化がわれわれの社会的制度によって妨げられないならば、神へと進化すべきです。私はこの法律にともない、代議士の洞察と犠牲精神にたいして要求されることは大変なことだ、と認めます。しかし皆さん、今日では、母親のための法律が遂行することをすべて家父長が遂行する必要は少なくなっている、ということを考えてみてください。地代の流れを、われわれは今日熱しか生み出していない沼地から逸らし、自然な川床に戻し、そうすることで沼地、涙の谷を天国に変えます。土地が男性のもとに平等に分配されたなら、各自は地代の差し押さえによって失ったと思ったものを、女性の年金に基づいて獲得することになるでしょう。それゆえ男性は、この法律にたいして冷淡な態度をとるに到るでしょう。しかしながら、女性にとっては、年金を世襲土地から受けとるのか、女性にそれを不当にも渡さずにおくことのできる男性から受けとるのか、はどうでもいいことではないでしょう。もっとも、あらゆる男性にとっても、法案の可決から、有利な金銭上の利益が得られます。私は、性的不道徳の所産が原因となっている出費にかんして、統計的調査を指示しました。それは非常に大きな、ぞっとするような数字です。皆さん、われわれは毎年、救貧制度、看護、盲人施設、精神病院、刑務所、孤児院のためにいくら支出しているか、知的障害の子供の半数もしくは全員を一時しのぎに教育するために、われわれは何人の教師を必要とし、使い果たしているか、をご存じでしょうか。医師の謝礼、薬剤師の請求、自宅看護にどれほどの資本が費やされているか、ご存じでしょうか。サナトリウム、湯治場、歯医者で、どれほどのお金が費やされているでしょうか。われわれの労働の産物の三〇％は、不道徳の産物によって独占されています。しかしそれは、不道徳の金銭的な表現にすぎません。心的な表われは、はるかに厄介なものです。普通は、金銭支出は何らかの楽しみと結びついています。しかし、ここでわれわれが金銭を支出する場合には、それによってわれわれは歯を抜かれ、腹を裂かれます。百平方キロメートルの包帯用ガーゼ、一千万キロメートルの包帯、百の船で運ばれる脱脂綿が、病院だけで使い果たされます。そして、これらの素材は一メートル毎にすり泣きとうめき声のもとで使い果たされ、全国民の同情の聡明な涙で浸されるのです。この身の毛のよだつような結末に、われわれは何百年にもわたって行なわれてきた性的不道徳、女性の奴隷化、自由な淘汰の終結、国家の干渉によってひどい性的不道徳に変貌させられてしまった婚姻によって、到り着きました。完全な自由のもとで行なわれず、自然な衝動が主導的な役割を果たしていない生殖はどれも、自然に反した生殖、獣姦です。女性道徳、道徳の評価にとっては、そもそも一つの基準しか存在しません。それは子供です。他のすべてのことは、一切重要ではありません。その結実に向き合って、あなたたちはそれを認めるべきです。そしてこの結実に向き合って、われわれはここで粛然と、顔を赤らめながらも、われわれが、そしてわれわれの父も曾祖父も、性的不道徳を押し進めてきたことを告白しなければなりません。そこに監獄、病院、精神病院、断頭台が建っています。そこに、貧しい、無価値なものを保護するための予算が生じます。われわれの恥辱の象徴です。皆さん、われわれは全力で変化を起こさなければなりません。しかも急ぐ必要があります。急速に進行する消耗性疾患のテンポが、あらゆる頽廃現象に伝染してしまいました。そしてわれわれは没落したくはありませんし、病気仲間と看護師からなる唯一の国民にはなりたくありません。

われわれは、医師や看護師やインチキ治療師に取り囲まれたくはありません。われわれは身の回りで、胸の落ちくぼんだ若者や、萎黄病の少女を一切目にしたくありません。われわれは皆にとって、このような人間の改良からしだいに成長し、もっぱらそれだけがわれわれの存在に理性的で天国的な目的を与える、精神、健康、美、力、生きる喜びを欲しています。しかしながら、われわれは、ここでスパルタ的な手段で介入しないことをお勧めします。われわれは時間にたいして、あなた方のことを行なう時間を残しておいてくれることを望みます。千年にわたる誤った生殖が駄目にしたものを、次なる千年が埋め合わせてくれるかもしれません。あらゆる自然法則の厳格さが、それがその目的のために必要とする時間を寛大にも変化させるのです。そしてわれわれも、この寛大さが作用してくれることを願っています。われわれにとっては実際上、永遠は問題とすべきではないので、われわれには、頽廃の原因がとり除かれ、われわれが再び上昇軌道に乗っている、と分かるだけで十分なのです。われわれは、愛する天の神がこの美しい地上に向かって、「なんという呻き声、嘆きの声が、わが高みへ立ち昇ってくるのか。ありうべき歓喜の谷から、これらの人間は、私にとって涙の谷を作り出してしまった」と言わねばならなくなることを、望んではいません。むろんのこと、われわれは再び慎み深い、生きる喜びに満ちた国民になることを願っています。そしてそのための手段を、私はあなたたちに向けて列挙してきました。われわれは自由に生き、自由に生まれるのみならず、すでに自由に、言い換えれば、愛において創造されていることを欲しています。法則や計算問題ではなく、われわれの母親の自由と独立、彼女らの衝動の確実な教導のおかげで、われわれわれが存在することができるようになることを望んでいます。家畜小屋での品種改良は原牛から怪物を創り出し、われわれはそれに報奨金を出しています。同じ品種改良が、われわれの人類の祖から、われわれの誰もが鏡のなかに全き悲哀と絶望的な憂慮を認めることのできる種族を創り上げてしまいました。

この法律の施行が引き起こすであろう莫大な出費の補填のために、新たな、力強く湧き出してくる財源を開発しなければなりません。そして、このような要求を満足させることのできる唯一の源泉として、地代を挙げることができます。われわれは毎月子供一人につき四十ライヒスマルクの母親年金のために、毎年五十億ライヒスマルクを必要としますが、地代は継続的にこの数十億を供給します。しかし、もう一つの理由からも、われわれは地代のことが念頭に浮かびました。地代が人口密度の直接の産物であることは、周知の事実です。しかし、この人口密度が母親たちによって生み出される以上は、地代は母親たちの直接の産物であることが明らかになります。母親たちの短期の出産ストライキによって、国家と同様、都市においても、地代はゼロにまで押し下げられ、見かけ上非常に堅固な土地所有はガタガタにされ、担保証券や抵当権は紙屑にされることがあり得ますし、実際多くの女性がすでに大がかりな出産ストライキを行なっているフランスにおいても、地代、つまり愛国者の本来の聖域は、多年にわたって絶え間なく下落しています。「各人に各人相応のものを、各人にその働きに応じた産物を」という原則に基づいて、いずれにしても、地代を母親たちに合わせて調整しなければなりません。われわれがもしそうしないならば、われわれは自らのモットーにたいして矛盾する立場に立つことになり、そのことによって、全世界に、自らの最も重大なスローガンがいかに空っぽでインチキであったかを示し、また現にそうであることを示すことになります。そしてそれは、皆さん、人々を駆り立てることができるだけで、一か八かで彼らの頭を弄ぶことを欲する、危険な政治です。われわれは地代を、徹頭徹尾、母親たちの世襲財産として扱わなければなりません。婚姻 Matrimonium は母親たちから世襲財産 Patrimonium を奪いました。母親たちは、ごくわずかな代償（夫）をもって、補償を受けたことにされました。

しかしながら、われわれは、何百年にもわたって地代がその当然の受益者から奪い取られ、不当にも受益者に渡さずにおかれ、その他すべての財物が法律上平等に扱われ、この土台の上に複雑な税務官庁の建物が築かれ、またたとえば、どんな男性も地代に由来し、財布に突っ込まれるお金を、名誉にかかわるものとは見做さないことが、大目に見られてきた以上、もし良い眼をもっているならば、男性はこのお金に産床の痕跡を認めるでしょうが、それにもかかわらず、もしわれわれがいま母親年金に一方的に土地所有者の財産を捧げるならば、正しいことではないだろう、と認めます。われわれはこの事態を、所有地を没収し、所有者に補償する、すなわち所有地を動産に変え、その後にこの財産に、全国民の残りの財産全てを合算し、それに法案の3で挙げられた財産税を課すことで、正します。そのようにして、この法律にかかわる出費は、所有の仕方で区別せずに、財産所有者すべてに移されます。国民のあらゆる集団が確かにこの法律から利益を引き出すのですから、このことはわれわれには必要不可欠であると思われました。さもないと、非常に多くの場合に、農民によって出資された母親年金を、家や株を所有している裕福な女性が受け取るような事態が生じてしまうでしょう。

われわれは、地代の没収を要求することで前代未聞のことを要求していること、この議会の多くの構成員の眼には聖域と見做されている主題に手をつけていること、をよく分かっていますし、土地泥棒と非難されてきたことも承知しています。昔から議会が土地所有者にたいして思いやりのある扱いをしてきた結果、地代生活者は自らをとりわけ重要人物であると信じるにいたっています。しかしながら、歴史的な権利よりも高い位置に永遠の生存権は立っており、それにたいしては、あらゆる権利が従属すべきなのです。生活の要求にたいしては、文書で確認されるようなあらゆる権利は紙屑にすぎませんし、この議会におけるわれわれの課題はまさに、憲法から絶え間なく紙屑を創り出すこと、すなわちそれを常に日々の要求の高みに保持することにあります。所有権は生活に仕えるべきです。所有権は奉仕者であって、主人であるべきではありません。そのことは措くとしても、私は、われわれの改革の手段をわれわれに与えられるような、他のいかなる財源も知りません。他のあらゆる増税は、その能力の限界にいたるまでなされます。もっと強く惹きつけるものがあると、収められる額は減少するものであって、それ以上のものではありません。われわれは乗物税を引き上げました。交通は衰退し、企業の減損が生じたために、われわれは増税分を注ぎ込みました。われわれはビール、火酒、煙草の税金を上げました。消費の減少が増税分を相殺してしまいました。フォーク、皿、部屋、鍋に課した税金の場合も、同じことになりました。どの税金にも徴収の限界があり、われわれはあらゆる課税対象においてこの限界に達してしまいました。

皆さん、ここでは議会の関心事であり続けてきた、最も重大な問題がとり上げられています。すなわち、人間が問題となっているのです。実際われわれは、よりによってわれわれ無支配主義者にこの法案の提起が委ねられたことに、驚いています。右手の皆さん、皆さんの演説はもったいぶった愛国心から満ち溢れてくるもので、もし皆さんに、国民の力の強化によるわれわれの防衛力の強化を果たそうと努め、自発的に母親年金を要求しようとすることを期待できたなら、それは「わが国民」のいわゆる安全、名誉、独立をとても気遣っていることを示しています。そして議会の中央党の皆さん、皆さんにはわれわれの要求を党の綱領の第一項目に置いた方が似つかわしかったとはいえ、ともかくも皆さんは日々の政治にかんして、キリスト教に則って方向を定めることを主張しています。しかしながら、われわれは何物にも揺るがされず、判断を下したいと思います。われわれは、有産階級にとって、自分のお金と別れることがどんなに困難なことか、しかもその上、愛国心（彼らはそれを理解していません）やキリスト教が、私が理解しているように、このような断念を要求するなら、それがどんなに困難なことか、分かっています。このような英雄的行為へのきっかけは、われわれが今日要求しているように、明らかに常に他から与えられなければなりません。われわれはいまここに、このきっかけを与え、あらゆる政党がわれわれの提議を受けいれることを期待しています。もし人種、国民、人類、人間の、そして正しく理解されるならば、自分自身の、救済に奉仕する改革に政党が反抗するなら、その政党の責任が問われることに、ある政党は不平を言い、またある政党は喜んだり、ありがちな恐れを抱いたりしています。

ペディグリー伯爵（ドイツ国家人民党）

ここにお集まりのすべての議員が守ってきた静粛、われわれがアンドレアスに発言を許してきた在り方は、ドイツ文化の高い水準を証するものです。世界の他のどの議会でも、ミュラー氏を演台から連れ去らせ、精神病院へ送り込むでしょう。私も、この抑制を身につけようと思います。

私は、わが国民の身体的心理的発展が不安を誘うということを、簡単に付け加えるだけにします。そしてまた、われわれがここで、全力をもって変化を生じさせなければならない、ということもです。しかし皆さん、われわれはたとえば賃金を上げることによって、再び教会をいっぱいにするのでしょうか。馬鹿げています！　映画館、閲覧室、一区画の館や体育館を、そうすることでいっぱいにするのでしょうか。一日八時間の労働で、都市の労働者がくつろげる酒のためのもっと多くの時間を酒場で見出せること、われわれの困窮した農業がそれによって助かること、が期待されていました。それは夢でした。たしかに美しいけれども、ただの夢でした。教会と酒場は人気がなくなり、火酒製造工場はつぶれます。わが国民の根は、大地に求めるべきです。都市の産業人口は、三世代で没落します。われわれがなによりも費用のかかる措置をとおして、産業に携わる住民がもっとましな衛生条件のもとで自堕落な生活をこれからも送れるようにすることができたとしても、それがいったい何の役に立つのでしょう。その際には、三世代と言わず二世代で、彼らは没落してしまうでしょう。農村人口の過剰によって、都市の再増殖が常に保証され、都市住民の相次ぐ死によって農村人口の過剰に常に場所が用意されるのは、神の摂理の顕われと見做すことができましょう。第三世代でのこの死滅を、われわれはもうこれ以上悲しんではなりません。それは恩恵なのです。最も重要なのは、国民の根幹、田舎の住民です。そしてこの根幹が、私には心配です。ここにこそ、われわれは介入しなければなりません。しかしそれは、ミュラー氏がわれわれに推奨するものとは全く異なる手段によってです。移住の自由によって、かつては農場主によって管理されていた土地の選択が、完全に誤ったものになってしまいました。土地が人間において生み出す最良のものが、いまや遠くの都市へ移っていきます。あとに残されるのは、身体障害者、間抜け、虚弱者だけです。将来の世代の父親たちです。かつては違っていました。当時は、新しい年次の者たちが、堅信礼のあと、坊さんや教師によって農場主のところに引き出されました。そして、厳しい検査がなされました。坊さんが、教会、独身制、死海のために、あらゆる精神的に正常でない、詩作し、演奏する小男たちを要求しました。教師は、あらゆる農作業に適さない輩が都市に追放されうるように取り計らい、そこで彼らは産業労働者、官吏、商人として、宿泊所と第三世代の没落のための証明書を受けとったのです。しかし農場主は、選別された者、骨太でごつく、神経が図太くていくぶん鈍重ではあるが、労働能力のある個体を、手元に確保したのです。そして、ビスマルクが自らの時代にたいして、当然の誇りをもって、「あらゆる対外的政治事件は、私にとって、たった一人のポンメルンの国土防衛隊員の骨にも値しない」と言うことができたのは、このようにしてなされた選別のおかげなのです。それは骨格にかかっているのです。知能が骨格の代償を礎にして発達するなら、われわれは選別に際して知能を諦めなくてはなりません。何のためにそんなに多くの知能がいるのでしょうか。それはわれわれにとって、危険なものにしかなり得ません。少ない頭と多くの手。大土地所有者が一つの頭をもっているだけで、十分です。われわれが考え、その他の者は手でその考えられたことを実行するのです。分業。これは何百年にもわたって行なわれてきたことであり、実証済みのシステムをわれわれは再び導入しなければならないのです。下層民は常に、自由を乱用することしかできません。彼らは、支配階級の手のうちにしっかりとつかまえておかれねばなりません。アメリカの奴隷は主人によって餌を与えられ、衣服をあてがわれている間は、繁栄しました。主人は奴隷に、自らの利害のために最もふさわしい餌を与えました。アルコールを奴隷は知りませんでした。奴隷は何ももらいませんでしたし、そんなものを買うためのお金ももっていませんでした。ですから、奴隷はいやおうなしに素面でしたし、それゆえ素面の状態で子供をつくりました。奴隷の値段は、黒人の改良が進むにつれて、絶えず上昇しました。農場主の改良の処方箋が良いものだった証拠です。ですから、退化するようなことはあり得ませんでした。スイスではどんな様子か、見てみてください。彼の国では、五百年以上にわたって国民が自主決定のもとに生きてきて、その結果はどうでしょうか。ヨーロッパのあらゆる国民に先駆けて、スイス人は没落します。五〇パーセントもの兵役に耐えられない者たち！　母親たちは、品評会用の牡牛にミルクを残しておくために、赤ん坊に火酒を飲ませているのです！　ポンメルンやルイジアナでは、このような母親は鞭でさんざん打ちすえさせます。スイスでは、痴呆化した国民が自らの没落のなりゆきを理解できず、無関心に傍観しています。五〇%もの兵役に耐えられない者たち！　それがスイスに、自治、共和制、移住の自由、総じていわゆる自由をもたらしてきたのです。われわれは、スイス人を見せしめのための例にしましょう。われわれを没落へと駆り立てる自由など、ナンセンスです。スイス人は世界に向かって、国民は五百年かけても成長して自治に到ることはできないことを証し立てており、五百年で成熟しないものは、千年で腐るでしょう。ですから、いわゆる自由などとは縁切りです。ドイツ国民には戦時下に、ロシアの農民を知ることができる機会がありました。われわれは、この人々の美しく力強い体格に感嘆しました。それはロシアの同じ身分の人々の改良の産物でした。体制の良さを証し立てるための、人間の性質より良い証拠など見出しうるでしょうか。その成果において、あなた方は何が良くて何が悪いかを見抜くべきです。そしてわれわれは、スイス人における自由の成果とロシアの圧政の成果を比較して、自由は下層民にとって毒である、と言わざるを得ません。スイス人は、ゲルマン民族でも最強のものから枝分かれしたものです。彼らはすばらしい土地に暮らしています。この上なく美しい発達のための、あらゆる条件が満たされていました。自由がそれを台無しにしてしまいました。ポンメルンのユンカーの規律と圧政のもとで、アレマン人からは何が生じたでしょうか。「移住の自由など認めるな！　農奴、圧政、規律でいけ！」という私の持論こそが、われわれの提唱するところです。（右手に盛んな賛同。議会全体に笑いと口笛）

シュミット博士（ドイツ連邦銀行）　私はペディグリー伯爵のすばらしい演説に賛意を表しますが、彼はかなり簡潔にまとめすぎたきらいがあると思われます。われわれは、ミュラー氏の背後には、その提言によって天国を待望する、確かに小さいながらもそれだけ活動的なグループが控えていることを、考慮に入れておかねばなりません。ですからわれわれには、これにたいして、彼らが要求する改革の有害性を学問的に証明する責務があります。私もまた、わが人種の衰退現象を否定することはできない、という見方をしています。しかし、ミュラー氏がこの衰退について語ったほど悪いかというと、ありがたいことに、まだそこまではいっていません。衰退は決して、われわれが今大慌てで、強烈で、奇想天外な、いずれにせよ思慮に欠けた処置に手を伸ばさねばならないほどのものではありません。たとえ婚姻が、悪徳にそまった、犯罪的な個々人の繁殖にたいして、いかなる十分な保護も提供しないとしても、われわれはもちろん子供を風呂の水とともに流す必要はありません。婚姻は非常に古い、わが国教会によって秘跡へと高められた制度です。婚姻が個々の場合に悪用されたとしても、罪人は罰せられ、たとえば鞭打ち刑に処せられます。それで十分でしょう。妻と子供のための国家年金による、婚姻という経済的制度の補償は、間違いなく性的不道徳を助長することになるでしょう。「信用する前に見よ」。それが今日、妻にとっては問題なのです。結婚する前に、その男をよく観察するのです。その男が哀れな悪魔、文無し、詩人、役者、芸術家なら、あなたはそれを人生で長いことかけて償わなければならないでしょう！　あなたの子供は物乞いに出かけるでしょうし、あなた自身は困窮と欠乏のなかで早々と墓へ足を突っ込むことになるでしょう。ですから、やりくりがうまく勤勉であったおかげで裕福になった男たちだけが、婚姻をとおして生殖するに到りますが、他のすべての者、芸術家、文士、いわゆる精神的な輩は、たいていの場合未婚のままにとどまり、その役立たずの一族はいっさい子孫を残さないことになるのです。所有物、財産、お金は内的な有能さ、選び抜かれた血筋の外的な徴候であり、われわれの婚姻法は、妻に他の何よりも男のこの属性を優先するように強いるものであって、それは権利、法、財産にかんする感覚が国民に非常に深く根づき、一文なしや共産主義者の欲望や嫉妬にたいする財産の防衛が問題となるところでは他のどこにも類を見ないほどの勇気、勇敢さが示される、という当然の結果が再び伴うものなのです。われわれが提議された国家年金によって妻から自らと子供の日々の糧への心配を取り去るなら、妻が淘汰権を行使する際に、右記の最も重要な男性の長所は貧乏くじをひくことになります。なぜなら､妻たちは生まれつき華やかなものやキラキラしたものを好むので、自らや子供たちを最もよく困窮から守る者をもはや優先せず、最も美しく言い寄る者、芸術家のお供や、女の尻を追い回す者などを優先するからです。皆さん、提議された改革は人間のタイプを根底から造り替え、経済的障害者、すなわちまずいちいち生活能力があるという証拠を提出しなければならないような人間タイプが生み出されることになるでしょう。詩、音楽では、国民を養うことはできません。わが国は、働き者の代わりに怠け者で満たされ、いまやはじめの誤った成果によって没落する危険に晒されるでしょう。自然は厳しく、人間、その教育、法律も厳しいものにならざるを得ません。そうです、妻は男を選ぶ際に愛の声を抑える必要はまったくなくなるのです。そうならないよう、事実、農村の住民やわれわれの仲間においてそのとおりであるように、経済的な検討が決定要因となるべきなのです。そのときにのみ、われわれは属性の継承に際して経済的能力が不利な立場に陥らない保証を得るのです。それゆえ妻は、男に経済的に依存したままに留め置かねばなりませんし、夫の芸術的な放浪生活によって悲惨な状況に追い込まれるだろう少なからぬ女性の運命も悲しむべきものになるかもしれませんが、このような運命でさえ見せしめの例としてとても役に立ちますし、不可欠なものです。そして私は、なおもそのことにとりわけ注意を喚起したいと思います。すなわち、われわれの婚姻法によって、女性が淘汰に際して経済的動機で重要人物をつなぎとめることが強制されるのみならず、国家の補助金なしで家族を養っていかねばならない男性が、女性に何よりも財産を増やす者、物分かりの良い家政婦を求めることが強制されるのです。そのような積み重ねによって、経済的動機が純粋培養されるのです。このような婚姻から生まれた子供たちは、その後両親の財産を相続するのみならず、その上はるかに重要なもの、つまりこのような財産を大事に守り、増やす能力をも相続するのです。このような近親交配をとおして、われわれの一族は、極めて誠実で稼ぐ能力のある市民、言葉の最良の意味での俗物を、この世に生み出すに到ったのです。少ないながらも太陽の兄弟、詩人、音楽家はまだそこかしこで生まれますが、法律があるおかげで、彼らは困窮をわれわれの仲間うちから遠ざけることになります。

実際、わが種族を堕落させたものは、結婚ではなく、都市の工業と活動です。都市の悪ふざけは若者たちを農村から流出させ、先立って演説された方がすでに言及していたように、残念なことに移動、移住して行ったのは、最も有能な者たちなのです。このような排膿法は長く続けば、どんな国民も耐え抜けなくなります。そして、このような現象の原因を、われわれはどこに求めねばならないのでしょうか。先立って演説された方は、移住の自由を告発されました。この罪がいかに大きなものだとしても、それだけが罪を背負っているわけではありません。わが農場主に世界市場の笑うべきほど低い値で穀類を売るように強いるのは、自由通商なのです！　無防備に、もしくはほとんど無防備に——というのもそれが、笑うべきほど低い穀物関税、いまだにカプリヴィ時代 Ära Caprivi に由来するトンあたり五十マルクの穀物関税が意味することなのですが——わが農民は駆り立てるような外国のならず者の農地酷使の競争に晒されているのです。ドイツの農民、抵当権の金利を負担している、しかも過重に負担しているドイツの農民が、父親から受け継いだ土地を農地の酷使によって永遠に駄目にしてしまうことを欲しないなら、いったいいかにしたら、情け容赦なく土地を荒れ地になるまで消耗させ、ひたすら自己の利益を計る者として抵当権の金利をびた一文払わず、ただでもしくはただ同然で土地をもち、その結果、ドイツの農民は遺産のかなりの部分を土地につぎ込まなければならないというのに、自らの全資本を機械に投資することのできる人間と、競争できるというのでしょうか。このような状況下では、農民にとって、働く者が工業に流出するのを妨げる労賃を高く維持することが不可能になります。そしていまや、あまりといえばあまりなことをやらんがために、われわれにたいして、女性に、そして当然都市の労働者の女性にも、各人の子供のための月々の年金を取り次ぎ、この費用のかなりの部分をよりによって「農業」、ほとんど打ちひしがれた農業に背負わせることが要求されているのです。その結果はどうなるでしょう。土地からの脱走は次第に範囲を拡げていき、われわれの農地は荒れ果て、全国民が餓死するでしょう。狂った要求。前代未聞の厚かましい略奪欲求が、この要求の背後には潜んでいます。ですから、私は、すべてを取り上げ、農場主を殺すであろうボルシェビキに誓います。緩慢に餓死するよりは死を。というのも、人種改良のための地代を差し押さえられるなら、農民はいったい何によって生きていけばよいというのでしょうか。人種を改良するために、われわれは農民を、男の祖先を飢え死にさせることを望んでいるのです！　それで首尾一貫して考えていると称しているのです！　人種を改良するためには、われわれは提議された地代の差し押さえという立場とは逆に、新たな関税、実際に保護関税という名に値する関税によって、農産物の値段を現在の水準より高くし、そうすることで、工業の労賃と競争できる位置に農業を置かねばなりません。それによって、われわれは労働者を都市から再び地方へ呼び戻すことになるでしょう。人々の困窮は消え、農業は再び栄えます。そして、土地の豊かな収穫は、すべての者にとって利益になります。それに加えて、工業製品を農民が買うことができ、その経済を学問の高みに保つことができ、地方での生活をなつかしいものにすることができるように、工業製品がさらに安くなるようあらゆることがなされねばなりません。穀物関税を高くしましょう。そうすれば、農民はより高い労賃を払うことができるのみならず、工業製品を買うこともできます。われわれはそのようにして、永遠に売れ続けることを熱望する工業に、支払い能力のある顧客を提供するのです。農民がお金をもてば、全世界がお金をもつことになるのです。二匹ではなく四匹の蠅が一撃です。われわれは関税収入で国庫を満たし、高くなった穀物価格によって農業を引き立て、工業に購買能力のある顧客を提供し、われわれの全耕地への再入植の途上で、われわれ皆によって心から待望されている若返り、人種の再生を達成するのです。そうなってから、寡婦や孤児に月々年金を取り次ぐために、国家が穀物関税からの収入を使うなら、私は主義としては国家援助にたいする反対者ではありますが、それにたいして何ら異議をさしはさむ必要はないでしょう。キリスト教的な愛から、私はこのような場合には、私が学者として、ドイツアカデミー会員として反対していることを是認するでしょう。そうです、私は出費の補償に都市の地代が組み込まれるかぎり、地方のすべての母親と嫡出子のために、月々の年金を支持するところまでは、ミュラー氏の提議に沿う覚悟さえあります。もっと正確に言うと、都市居住者に再び田園生活の恩恵を与えるという望みだけが、私をこの認容へ導くのです。このような都市の地代支出に割り当てられた母親年金は、何よりも子供に恵まれた家族の利益になり、われわれはそれによって、まもなく、わが人種の純血性を危険にさらし、観察される人種の頽廃の大部分に責任がある異国人を農作業に導入するために、毎年何百万も支出する必要性から解放されるでしょう。

あらゆる手段で、われわれは農業を盛り立て、国民を土に縛りつけなければなりません。そうすれば、地方に人を住まわせることになり、とどのつまり、人種を再生することになります。そして、われわれの全耕地の再入植のためには、自由通商の廃止と関税率の引き上げ以外にはいかなる手段も存在しません。寡婦と孤児に穀物関税から年金を支給しましょう。私の立場からいえばさらに、地方の女性と子供たちにも、都市の地代から年金を支給しましょう。しかし、何よりも前に、穀物関税を効果的な保護関税に昇格させましょう。

移動の自由の導入について話し合われている時代に、われわれ保守主義者には警告の声が欠けていました。工場制度のもたらす、わが人種にとっての危険性については、われわれはもう十分明確に述べてきました。われわれの言葉は馬耳東風と聞き流され、いまやわれわれは困った事態に陥っています。未熟な若者はわれわれの農園の安全な庇護のもとを離れ、都市の喧騒に身を投じていきます。そしてそこで、あまりにも気軽に、病的に利潤を追い求める企業家、放縦な欲望の餌食になっています。われわれはこの移住の自由を、少なくとももしっかりした所有地をもたないすべての者のために、その者たちが肉体的に健康であるかぎりは、撤廃しなければなりません。身体障害者、病人、老いぼれた労働者は、今後も都市へ退去するのを許しておいてもかまいません。そのようにして、少なくとも地方の住民のために健康な系統を確保し、地方の女性のために健康で作業能力のある夫を確保しましょう。そうすれば、工業にどうしても付きものの毒で都市の住民が滅んでもかまいませんし、そうだとしても、種の維持には十分な配慮がなされていることになります。自由通商が滅亡の道連れにされたなら、保護関税が再び上昇しはじめるでしょう。保護関税障壁が険しいものであればあるほど、上昇も急激なものになるでしょう。

皆さん、私も先立って演説された方の次の言葉で演説を終えます。「持論――移住の自由は撤廃しなければならない」。そしてさらに、われわれは、滅ぼすためではないにしても少なくとも健全な規模に戻すために、大都市を作ろうと努力しなければなりません。そしてそのための手段は、穀物関税と農奴の身分の再導入なのです。（あらゆる政党から、賛同、笑い、野次）

ゴルトベルガー（民主党員）　私は多くの点において、非常に多くの主要点においてすら、アンドレアス・ミュラー氏による法案の論拠に同意する、と告白しなければなりません。寛大な、真にモーセ的な精神を、ミュラー氏の感動的な言葉は放っています。私は、われわれがミュラー氏の演説をすべての公立校と教会に掲示させる一方で、法案を検討と速やかな報告のための十人からなる委員会に委ねることを提案します。私はここで、いまやただ、わが愛する党員の皆さんに、お二方のように、われわれが今しがたその心を深く覗き込むことを許された方たちとの連立の継続をいかにして想定するか、と問うてみたいのです。われわれ民主党員は、連立作業をとおして、このような仕事仲間から期待されているにちがいないすべてのことにかんして、ともに責任を引き受けることができるのでしょうか。ペディグリー伯爵のことは、まだ理解できます。彼は、彼自身が依然としてそこから自由になれていない、古くからの家族伝統を指向しています。彼はドイツ国民を、いまだに農奴であるかのように見做し、扱っています。農奴は何百年もの間、あれほどの恥辱と不名誉でありました。伯爵、ありがたいことにその時代は過ぎ去り、私は反論を予期する必要もなく、気分よく次のように公言できます。「偉大な人類の救済者モーセが、聖書をとおして、奴隷化されたドイツ国民のなかに生き生きと保持し、掻き立ててきた、自由と憤怒の精神に感謝」。農民戦争、フランス革命における偉大な先導者たちは皆、モーセと聖書によってインスピレーションを与えられました。そして私は、伯爵、あなたに、もしあなたにとってあなたの頭が家族伝統よりも大事なら、あなたがロシアのあなたと同身分の人々の運命を免れたいなら、モーセのインスピレーションを受けいれるように忠告します。あなたは誠実で、あなたが戦時中に同族の、したがってまたおそらく血族の国民として語りかけた国民にたいして、好意的であります。ひょっとすると、あなたは習い性となった階級的偏見から自らを解き放し、モーセが行なったように、国民に率直に向き合うことに成功するかもしれません。しかし皆さん、シュミット博士が述べたことにたいしては何と言うべきでしょうか。この人はここで、われわれが新聞ですでにずいぶん前からいかさまとして化けの皮を剥ぎ、永遠に片をつけたと信じていた、詭弁的・デマゴーグ的な学説を飽きもせずわれわれにたいして持ち出しているのです！　教授がアカデミー会員として、したがってともかくも文化人として、自ら述べたことの誤謬を自ら見抜いておらず、それがこの上なく不快な種類のいかさまであり、デマゴーグ的な策略であると自ら見破っていないなどということは、あり得ません。私にはそうとしか考えられませんし、教授には率直に、彼は欺瞞的な意図で、利害政治に奉仕するために、自らのアカデミックな肩書を利用している、と申し上げます。しかしわれわれは、ペテン師とは、せいぜいのところアカデミー会員仲間に蔓延している従僕根性病にかかっていると見做すことしかできない人間とは、この議会でこれ以上席を同じくすることはできません。議長は会議の冒頭で、彼の意のままになる警察力に注意を喚起しました。よろしい、そうしましょう。私はここで正式に、教授が明らかにいかさまの論述を行なったかどで警察によってこの議会から放逐されることを求めて、動議を提出します。かりにわれわれもすでに国民の間で口先だけ達者な奴らと噂されているとしても、それでも私は、少なくとも私がここにいるかぎり、一言発するたびに目からいかさまであることが読み取れる男たちをわれわれの仲間に加えていると、陰口をたたかれるようなはめには陥りたくありません。シュミット博士、出て行きなさい！　出て行け、と私は言っています、出て行け！

議会全体が騒然。騒然としたために提議にたいする採決が不可能となったので、ゴルトベルガーは男女を問わず全政党の議員の支持を受けて、シュミット教授に飛びかかる。他の者は、消耗しきった者を助けるために、そちらへ駆け寄る。激しいつかみ合いで、シュミットとゴルトベルガーは、血だらけになって運び出されるまで、引っ掻き合い、噛みつき合う。警察が再び秩序をとり戻す。

議長　いまや世界は、これこそ連立作業というものだ、と言っています。とはいえ、われわれはここで再び、どのようなナンセンスな言葉の連なりが武装解除を招くか、を目にしています。シュミットは鼻を噛みちぎられてしまい、ゴルトベルガーは目を掻き出されました。これは、私自身が命じ、百三十五丁の銃弾を装填したリボルバーと百二十本の短刀がもたらした、武装解除の結果です。しかし、どのような国際的な武装解除も、このような結果になるでしょう。われわれは、人間が武装して世界に向かうこと、そしてこのような自然な武装は潜在的に人工的な武装よりもはるかに残虐なものになること、を見通せません。したがって私は、議員の皆さんに再び武器を手渡すのを許し、議員の皆さんが今後常に何丁かの装填したリボルバーを机の中に見出せるように配慮するでしょう。これらのリボルバーがあることで、われわれはおそらく、それらがないときよりもお互いを尊重するようになるでしょう。そうすれば、ひょっとすると物事はもっとうまく運ぶようになるかもしれません。

カプラン・ガステン猊下が発言する。

カプラン・ガステン（中央党員） ここは家畜市場なのでしょう。ですからここでは、品種改良、人間の品種改良について、粗野であけっぴろな態度で語られています。しかしながら、皆さん、人間は結果として常に神の似姿なのであって、たとえ家畜の品種改良が可能であるとしても、人間の場合には、それは永久に失敗に終わるにちがいないことを、忘れないようにしましょう。飼育家ならぬ神は、人間を自らが望むがままに形づくります。われわれが神を変えることができないように、われわれはその似姿も改良という方法で変えることはできません。そして、かりにわが国民の少なからぬ者たちがわれわれの気に入らないとしても、われわれはその場合常に外的人間しか見ていないことを、忘れてはなりません。右手の皆さん、というのも、あなた方が失われることをそれほどまで嘆き悲しんでいるように見受けられる、この骨太でこの上なく健康な人間たちが、いったい何を成し遂げるというのでしょうか。そんなものはたいしたことはないと言えるのは、通例まさにこのぞろぞろ歩いている人間たちのことではないでしょうか。それに較べて、われわれの最も偉大な思想家、最も偉大な同胞のことを考えてみましょう。彼らは、格別の肉体的な強さによらずとも、傑出しています。それどころか、多くの者は病人、虚弱者、身体障害者でした。皆さん、このような事柄はもっぱら愛する神の御心にお任せしましょう。病気が何の役に立つかは、神のみぞ知るです。ベッドに縛りつけられて、非常に多くのいわゆる生活の楽しみをあきらめなければならない病人は、自らの思考を物事の表面から転じて、世界を内面から考察するのです。ですから、健康でひょうきんな若者には永遠に閉ざされたままである多くのことが、彼には開示されるのです。そしてそのときに、これらの人間の頭のなかには、新しい世界、そこいら辺を歩いている者が芸術的-学問的作業に接してこの世のものならぬ作業としてポカンと口を開けて眺めている、新たな形態が生まれるのです。もしわれわれがこのいわゆる人種純化改良にほんの二、三十年でもあなた方が望み、待望する作用を及ぼすのを許すなら、もしわが国民がいまやただ、ペディグリー伯爵がわれわれにとても分かりやすく説明してくれたような、骨太の見本人間からのみ構成されるようになるのを待っているならば、われわれは自らが早晩、どの道を通っても、袋小路に迷い込むのを目にすることになるでしょう。われわれはじきに、困難な状況でそれに応じてわれわれを助けてくれる、精神的指導者がいなくて困ることになるでしょう。ペディグリー伯爵は、このような精神的指導者たちのことを蔑むように語りました。私は彼に、その学説がドイツの耕地をいまやより少ない労力で三倍の収穫量を生み出すほど豊穣にしたのは、ビスマルクの骨太のポンメルンの国土防衛隊員なのか、それとも農場主によって育成された品種なのか、と問うてみたいと思います。単独で小柄で不具ではあるが精神的な人間は、われわれにその辺の骨太の者たちよりもっと多くの食料を調達するでしょう。われわれがドイツ国民の大多数に食料をあてがうことができるかどうかは、骨格ではなく精神にかかっているのです。先立って演説された方は、スイス国民を自治、共和制にたいする見せしめの例として挙げることを、当を得たことだと見做しました。軍事的適性の観点から、彼は全国民を評価します。ペディグリー伯爵、私はあなたに、隣人の邪魔をせず、むしろ戸口の前でとって返すことをお勧めします。そこには、われわれの箒のために十分なゴミが集められています。いったい誰がわれわれに、軍事的適性は、曲芸師や巨人族とちがって、まだ頽廃現象ではない、と言うでしょうか。軍事的適性が、われわれにとって、いったい何の役に立ったのでしょうか。このポンメルンの国土防衛隊員の軍事的適性がなくとも、われわれはやはりわれわれの隣人に邪魔はされないでしょうし、また、われわれがこのような言葉では言い表せない恥辱、不名誉な状態に追いやられていなければ、われわれの方が隣人の邪魔をすることもなかったでしょう。われわれの対外政治においてあと少しの理知があったなら、何百万もの骨太の兵士よりも間違いなくわれわれの役に立っていたでしょう。私には、指導者としての適性の方が、軍事的な成果にかんしても、兵士としての適性よりも重要であるように思われます。そして、われわれがポンメルンの国土防衛隊員の代わりに指導者をスイスから連れてこなければならない時がやってこないのか、それとももうすでにやってきているのかは、いったい誰に分かるのでしょうか。私は、もしわれわれが人間を指導者としての資格、自己決定の能力の観点から評価するならば、スイスのように五〇％ではなく、ドイツ人の九九％が軍事的に不適格である、と信じています。

私に先立って演説された方々が、ポンメルンの農場主の検査に合格できない市民全員をわれわれの仲間うちから遠ざけて島に集める、という提案をしたとしても、それは完全に、ここで彼らによって開陳された考えの道筋に含まれていたものでしょう。皆さん、私はあなたに、このような考えを押し進めてみることをお勧めします。それは病的な考えです。人種問題は個人的な事柄であって、国家がかかわる事柄ではありません。国家がかかわる事柄として扱われると、人種問題はユダヤ問題、ポーランド問題、ジプシー問題、ザクセン、バイエルン、プロイセン問題、そして終いには青い血と赤い血の問題にまでなってしまいます。個人的な事柄は、われわれが議会で取り組む必要のないものです。このような政治は、救いようもなく、この上なく馬鹿げた大失敗へと向かいます。われわれはもうすでに大都市を強制収容所と見做すことができますが、そのような強制収容所を造ってみてください。そうすればあなたは、そこで肺結核にかかった画家の絵、ユダヤの混血児の道化芝居、小びとの叙情詩を法外な値段で楽しむために、あるいはやはり同じほどのお金を払ってせむしの外科医に折れた脚をまっすぐにしてもらうために、そこから地方にいかに多くの引力が働くか、死ぬほど退屈しているポンメルン人がいかに群をなして強制収容所に詣でるか、を体験として知ることになるでしょう。そして多くのポンメルン人は、強制収容所で病人、身体障害者、白人と黒人の混血児のもとにいて非常に快適なので、大方はもはやポンメルンを目指してこの上なく健康で軍事的適性のある見本人間に戻ることはないでしょう。われわれの全精神生活はこうした身体障害者によって占有されており、彼らがいずれ卓越した技術をつかってわれわれを軍事的に彼らに依存させるようになるまで、長くはかからないでしょう。

皆さん、人工的な介入は、その途上で改良の度合いが確かめられる、牡羊の群においては相応しいものかもしれません。人間においては、神が配慮します。つまり、父なる神、冷厳なる方です。われわれは日々、麻痺のある者が倒れて亡くなったとか、聾唖者が路面電車に轢かれたとか、病人がそよ風によってあの世へ連れて行かれたとか、書かれているものを読みます。きわめて健康であるとは言えないあらゆる人間がわれわれの仲間から時宜を得たかたちで引き離されるように、彼らの数が激増できないように、判断を誤る人間の人工的な介入が不必要になるように、配慮されるのです。

以上が、私が先立って演説されたお二方の事実に即していない、粗削りな批判にたいして、申し上げなければならないことです。さて今度は、ミュラー議員の提議にたいして率直に意見を申し述べたいと思います。

皆さん、私は、われわれが社会問題の領域で新たに方向を定める努力をすべき時がやってきたと信じます。というのも、社会的諸問題が今日までこの議会で扱われてきましたが、これからはそれほど単純には事は進まないからです。もしわれわれがこの問題を学問的に扱うことにこれ以上抵抗するなら、われわれは自らと議会を全世界の笑いものにしていることになります。社会的諸問題が政党政治的に扱われていくのを、われわれは毎日カオスのなかで、納得して、あっさりと眺めています。学問だけが、われわれを救うことができます。しかし私には、かつてこの議会で何らかの法案が学問的に支持されたり批判されたりした、という記憶はありません。あらゆる分野で、技術と学問が進歩してきました。しかし、あらゆる社会問題においては、山を前にした牡牛のように立ちつくしています。そして、もしわれわれがこの議会において学問的な作業方法を身につけないならば、早晩、再びビスマルクの方法、社会主義者鎮圧法、文化闘争、国外追放、要するにビスマルクの野蛮行為に到りつくと、私は確信しています。

皆さん、ここで扱われる全法律の九九％は直接、賃金、地代、利息に言及しています。さて私は、この議会にお集まりのドイツ国民の代表者の皆さんにお尋ねします。この国民経済の三つの主要要因について十分な根拠のある説明を加えることができる、と誇れる方がここにいらっしゃいますか。私は自分の問いに自分で「誰もいない」と答えたいと思います。皆さん、われわれは皆、われわれが引き受けてきた課題にたいして完全に準備不足である、と率直に認めましょう。そして私は、私という人間について、ここで率直に告白します。私は地代、賃金、利子について、いかなる理論的知識も有していないので、私がここで行なう実証などは冴えないものにならざるを得ず、かえって私自身の人格を貶めることにもなります。ですから、私はここで皆に代わって、赤面しつつも率直に申し上げたいと思います。「**われわれは皆ここで、人のよいドイツ国民から時間と日当をくすね**

ている」と。われわれが行なっていることは、どんな辻馬車の御者にもできることです。私はまた、この私の主張を決定的な証拠で裏付けたいと思います。ヴァイマールの国民議会においては、われわれの体制の仕上げがなされているのですが、国民経済の基礎学説をいくぶんかでも理解している代表者はただの一人も居合わせることができていません。というのも、ヴァイマールにおいては、国民経済の主要点、国家の基盤、すなわち、通貨制度を体制に組み入れることが忘れられている、と聞いて驚いているくらいなのですから！　そして、通貨問題にかんする陳情書によるかなり詳細な請願が自由地・自由貨幣同盟によって出され、すべての議員に配られていたにもかかわらず、それは忘れられていたのです（『帝国通貨局 Das Reichswährungamt』A. ブルマイスター出版、ベルリン・フリーデナウ）。その言わんとすることは、もし無学の人からなり、人口の大きな部分を占める商業人、産業人から代表が出ていたら、われわれはきっとその後すぐ聞いて知っていたでしょう。寡婦と孤児から盗み、庶民の銀行預金や非常用の貯金を略奪し、私のものとあなたのものがそこで互いに入れ乱れて飛び交い、詐欺師を大富豪にし、実直な商人や職人を乞食にした紙幣経済は、もしこの議会でたった一人でも彼らがそこで良いと認めたことを知っていたら、決して存在し得なかったことでしょう。そして私は、この事柄におけるわれわれの恥ずべき振る舞いを、「主よ、彼らを許したまえ、彼らはそのなすところを知らざればなり」という言葉で弁護するとき、その都度それを決定的な打撃と感じます。われわれはまさに、自らがなすことを知らなければならず、それを知らない者は、ここで何も手に入れようとしてはならないのです。

皆さん、われわれが紙幣経済もろとも黙認し、それゆえ個人的に犯してきた犯罪的行為、これまで犯されてきたなかでも最も重大な犯罪的行為は、償いを必要としています。私には、ここでいつもの政治的無駄話を止め、あらゆる問題を真剣に、すなわち学問的に扱うこと以上に相応しい償いは、思いつきません。そのような作業に際して、われわれの政党指導者、最も偉大なる弁士、すなわちおしゃべり屋が加わることができず、ひょっとすると話し合いの最中に居眠りをしたとしても、われわれはこのような大物を一顧だにする必要はありません。彼ら、紙幣経済に最も責任のある者たちを、われわれはこん棒でこの議会から追い出さなければならないでしょう。

（議長のベル）。皆さん、できれば、このような激烈な言葉を吐いたことをお許しください。しかし、極悪非道な犯罪は相応の罰当たりな言葉を呼び寄せるものです。ですから、もう一度だけ口にします。諸君を呪う。君たち、ろくでなし、犯罪者、人殺し、悪党を縛り首にしろ。いかさま紙幣の責任は、諸君にある。（四方八方から高まる罵声。あらゆる政党から賛同の声と大きな笑い声）

しかしながら、皆さん、すべてを理解することはすべてを許すことを意味します。諸君は無知、無学、ペテン師、要するに政党政治家なので、ろくでなしに身を落としてしまいました。国民は諸君に、一人で家事一切をやる家政婦のように、あらゆる分野に精通していることを要求します。しかしながら、諸君は、物事を常に最も低次の立場から、政党のゴミの集積からのみ考察することを許されている、力量不足の政治家にすぎません。ですから、われわれが党派的演説を止め、問題を原理的に扱うことが、われわれの償いになります。そして、ただちにここで一つのことを始めるために、私は中立人とともに原理的な方法で分析することを試みようと思います。たとえ議会の少なからぬメンバーが不快になるとしても、ホールから去るのはその人の自由です。私は私の権利を行使して、長々と演説するでしょう。そういうわけで、理論、学問、原理について何も知りたくない方は、どうぞ出口はそこです。諸君の日当は、どっちみち保障されます。

議長　議会全体の名誉棄損を鑑みて、発言の取り消しを求める動議が出されています。賛成の方は、手を挙げてください。賛成の方が誰もおられないようなので、私はカプラン・ガステン氏に話を続けるようお願いします。もっとも、彼がここで、ろくでなし、人殺し、犯罪者の一味——彼がそう呼んだのですが——を前にして演説する時間が惜しくなければの話ですが。

カプラン・ガステン　彼ら全員に、ここで私に演説させる理由があります。われわれは万策尽きているのです。社会民主主義者は、無力をさらけ出しています。ロシアの共産主義者も、無力をさらけ出しています。資本家は、民衆に食料を確実に提供できていません。もうすでに何カ月も続いており、何十万もの労働者を解雇し、帝国の財政においては何十億の赤字を予期させる危機のせいで、われわれは新たな道を進まざるを得ません。その新たな道は、われわれの国を完全に滅ぼすことになるだろう、今日の国外移民の流れが移民過多になるべきではないなら、われわれのために、労働収入には手をつけない、力強く湧き出る新たな税源を開発しなければならないのみならず、労働者に新たな希望を抱かせるものでなければなりません。社会民主主義者は彼岸の楽園を信じておらず、この至福をもたらす、山をも移す信仰を、従来のやり方で彼らに再びもたせることはできません。われわれは、社会民主主義者に、われわれのキリスト教は単に紙の上のものではなく、われわれの心の奥深くにあるものであり、キリスト教は単に安易な祈りなのではなく、力強い行為を呼び起こすことのできるものであることを、示さねばなりません。われわれは労働者の楽園、未来国家を、何らかの形でこの地上に実現させなくてはなりません。この世の楽園は、永遠の楽園への信仰の土台をつくります。すべてのこの世的な欲求が満たされてはじめて、枯れ葉の下のスミレのように、春、無限のもの、美しいもの、偉大なるもの、神への信仰が芽生えるのです。労働者が悲惨な境遇のなかで生き、その考えと願望が生活の基本的な欲求を満たすことにのみ向けられてしかるべきであるならば、労働者はキリスト教のような要求の高い――私はそう申し上げたいのですが――非常に厳粛で豪奢な教えに向けて、必要とされるそれに相応しい仕方で、心を整えることはできません。その心を信仰に開く代わりに、閉ざしてしまいます。そして、信仰なくしては、陰鬱な日々の生活をわれわれに乗り切らせる希望も、それなくしてはわれわれが救いようもなく軍国主義、権力の野蛮行為に落ち込んでしまうところの愛、無限の愛も、存在しないのです。国家の土台は、そこから神への信仰が生じる愛、人類、あらゆる言語、あらゆる国家、あらゆる色、あらゆる地域の人間への無限の愛、あらゆる党派的立場がそれにとっては不可解なものとなり、支配力、軍隊、権力にとっては何の意味ももたない、大いなる愛でしかありません。神への信仰から生じる愛のみが、時代の大問題の解決にとって障害となっているものをとり除くことができます。キリスト教の集団においてさえまだしばしばユートピアであると明言される世界平和、自由通商、大きく陰鬱で切迫した社会問題等はすべて、解決策が見出されねばならない問題、キリスト教の原則に立ってとは言わないまでも、われわれがまだそのような解決策を見出す希望がもてるであろう、問題です。キリストの前では、われわれは、黒人も、黄色人種も、白人も皆、人間です。（さかんな賛同と呼びかけ。あらゆる政党から「それはそうだ」）ええ、そうですとも。皆、愛すべき人間、神の子です。（爆笑）ローマはいかなる境界も、いかなる人種も、いかなる国籍も、認めません。（異論と賛同）これらの言葉が、固有のもの、分離するものを意味すべきであるかぎりは、そうなのです。あらゆる固有のもののなかで、われわれは人間性を形成します。人種的特徴は気候的に条件づけられた外面的なものであり、生じるのと同じくらい急速に消え去るものです。私は、今はバッタから栄養をとっている最も小さくて貧弱なホッテントットから、経済的な関係を変化させることによって、三世代のうちに、わが伯爵にあらゆる点でひけをとらない高度に洗練された騎士を育成することを、申し出たいと思います。しかし、政治、関税、文学は、これらの外面的なものから、いたるところで荒れ狂っている戦争が証明しているように、きわめて固有のものをつくりだしてきました。キリスト教の教義の無条件の承認をとおしてのみ、われわれは新たなカタストロフィから身を守ることができます。（四方から「まさにそのとおり！」という声）それゆえ私には、もしキリスト教にも克服できない困難があるとすれば、そのようなものはジュネーブやハーグでも決して克服できないことは、疑いのない真実であるように思われます。（まさにそのとおり！　まさにそのとおり！）いずこにおいても、キリスト教精神の深みから、創造がなされなければなりません。そして、皆さん、再び物事の核心に直接語りかけるために、私には、ミュラーが彼の法案への推進力をこの愛の永遠の源 sempiterna fons amoris に基づいて創造したように思われるのです。私には、それにためらうことなく確信をもって同意するだけで、十分です。（中央党から「ブラヴォー」「それは党の綱領を裏切っている！」という声）ああ、わが愛する党員の皆さん、この声が私にとってどれほど名誉なことか、彼らが知ってさえいれば。（あらゆる政党から「前代未聞だ！」という声）私が政党に属して以来、私は政党の綱領、ならびにわが議会のすべての政党の綱領を、雄鳥が私に朝の祈りの時間を告げ知らせる前に、日に三度、裏切っています。私は、政党の綱領が純粋なキリスト教精神を発揮していないあらゆる点において、私が誓いを立てた綱領を裏切りますし、そしてわが愛する党友にもそうしてほしいと思っています。（あらゆる政党から、「これはいい！」「彼は気が狂った！」という声）確かに、政党の尺度で測れば、私はどうやら事実そうなのでしょう。しかし、私はただ一つの尺度、すなわちキリスト教の教えしか知りません。ではそもそも、国民のキリスト教的代表者は、いったい何のために党の綱領をまだ必要とするのでしょうか。（中央党から、「皇帝のものは皇帝に、神のものは神に返せ」という呼びかけ）政党という概念は、すでに完全に異教の概念ではないのでしょうか。キリスト教的政党、それは形容矛盾です contradictio in adjecto。キリスト教は、個々の人間にとってと同様、国民全体にとっても、誤謬を犯さない指導原理です。われわれキリスト教徒は、サンチョ・パンサよりもはるかに正当性をもって、「政党の綱領はキリスト教の基盤の上に立つか（それは無駄なことです）、それとも他の基盤の上に立つか（それは有害です）」とは言わないようにしましょう。はっきりと応用されたキリスト教と呼ばれ得ないようなあらゆる政党の目標は、キリスト教を裏切っています。それゆえ、われわれにとって、政党の綱領は自明の事柄であるか、異教への譲歩です。しかし、ミュラーの提議のなかには、われわれがキリスト教的自明性と呼び得ないものは、何もありません。（中央党から、「まさにそのとおり！」「ちがう！」「そうだ！」「ちがう！」「そうだ！」「裏切り者め！」「気違いだ！」という声）ミュラーは、土地があらゆる人間に与えられる術を知りたいと思っていますし、われわれの聖なる書物のなかには「天は主のもの、地は人への賜物 Coelum coeli Domino, terram autem dedit filiis hominum.」とあります。（あらゆる政党から「そのとおり！」という声）ミュラーは、いかなる不和のリンゴも作り出さないために、確かに質の良さと経済状態によってすべて異なっている個々の分割された土地を、応募希望者による公開の賃貸料競売において自ら評価させたい、と言っています。そしてわれわれは、日々、「われらを試みに引き給わざれ、われらを悪より救い給え et ne nos inducas in tentationem, sed libera nos a malo.」と祈ることによって、このような措置にキリスト教的な基盤を提供します。（あらゆる政党から「これはいい、続けろ！」という声）ミュラーは、このような借地契約から入ってくる地代を、あらゆる母親、あらゆる人種の母親に届けさせたいと思っています。そして、われわれの日々の祈りのなかで、われわれは常に、何はさておき援助の必要な者たち、寡婦と孤児のことを思っています。（あらゆる陣営から「しかしわれわれは、それを一度も真面目に考えてこなかった」）ミュラーは彼の提議において、嫡出子も非嫡出子も完全に等しく扱っており、それゆえ彼は、われわれの市民法にしたがえば完全に未婚の母とみなされるわが愛する聖母マリアにも、このような母親年金を取り次いだことでしょう。（中央党で、クリスマスキャロルが歌い始められる）それゆえミュラーは、処女マリアを、あらゆる未婚の母親を、人間の制度の野蛮性から保護します。彼は彼女らに、今は排斥されている人々に、人間社会の完全な市民として、大学教授資格を与えます。なんという好ましい、キリスト教的な思想でしょう。彼だけが、異教的見解がミュラーの法の邪魔をするために行なう可能性のあることを、すべて埋め合わせるのです。そして私は、この法案あるいは似たような法案がもう長いことわれわれ中央党の人間から出されていないという事実が、私を混乱させ、訝しがらせ、私に政党政治を疑わしく思わせている、と告白しなければなりません。（中央党のボスが、ホールを去る）同志ミュラー、異端者にして無神論者、こちらへ来なさい。私はあなたを抱きしめよう。あなたがわれわれのところに来るか、われわれがあなたのところへ行くかしましょう。（中央党から「そうだそうだ！」「だめだだめだ！」「裏切り者め！」という声）いまだかつて、ミュラーほど正しく、議会でキリストを解釈した者はいません。ミュラー、あなたはあなたの行為によってあなた自身を、自己洗礼者と名づけました。（中央党から「まさにそのとおり！」「恥知らずめ！」「やつをつまみ出せ！」「やつの頭にインク壺を投げつけろ！」という声）不正義な土地分配から不正義が始まるかぎり、ミュラーの法によってこの世の正義に客観的な根拠が与えられます。（あらゆる陣営から「まったくそのとおり」という呼びかけ）そして、われわれは日々「皇帝のものは皇帝に、神のものは神に返せ」と言います。皇帝は、国家の長を意味するものでしかあり得ませんが、正義に適った状況を用意しなければなりません。正義は統治の基盤である Justitia fundamentum regnorum. それを行なうのが皇帝であり、それを行なっている間だけ皇帝なのです。もちろん右記の言い方においては、間違いなく、皇帝という名や肩書が大事なのではなく、言葉の内容が大事なのです。この世の正義の避難所、それが皇帝の解釈です。それゆえ、あなた方が王座につける男に、厳正な正義を行なうことのできる手段を与えてください。そうすれば、それはミュラー法によって達成されることになります。その際には、果てしなく拡がる土地を所有している者がいる一方で、十分なものをもたない者もいて、さらに大部分は何も所有できない、という事態はもはや生じないでしょう。（あらゆる陣営から「まったくそのとおり！」「ボルシェビキ！」「ラヴァショル Ravachol（訳註 フランスのアナーキスト）！」「デマゴーグ！」「彼は聖書の意味をねじ曲げている！」という声）

ペディグリー伯爵　議院規則にかけて！　私は、宗教によって、われわれの最も神聖な感情によって、ここで政治が押し進められることに、抗議します。（あらゆる側から「まったくそのとおり！」および異議の声）キリスト教はわれわれに理想を示しますが、われわれはここでは厳しい現実に関わっているのです。（「まったくそのとおり！」議会全体が騒然）われわれはここで、確かにキリスト教的世界観の高みに立っています。（あちこちから笑い声）しかし、国民は、下層民は、まだ十分にそこまで達していません。キリスト教的立法の機は熟していません。（「ブラヴォー」および叫び声、大方は異議）ガステン代理司祭猊下はわれわれに、ミュラーの提議によって煽動された事柄について、事実に基づいて、科学的に、話し合うことを約束されました。（四方八方から「それを彼は行なったんだ！」という声）その代わりに、彼はここでわれわれにたいして、煽動的な説教をしました。私はこれにかんして、発言の取り消しを求める動議を出します。（議会全体が騒然。いたるところに戦闘態勢をとった議員集団）

議長　採決の結果、賛成二百、反対二百五です。したがって、発言の取り消しを求める動議は否決されました。ガステン代理司祭、お話しください。

カプラン・ガステン　国民にはまだキリスト教を迎え入れる機が熟していない、とペディグリー伯爵は言います。ほぼ二千年にわたってキリスト教の教えが説かれてきましたが、それでも国民にはまだその機が熟していないというのです！　私は、それはまったく逆である、と信じています。国民には機が熟しています。そもそもの初めから常に神の教えを迎え入れる機は熟しているのです。なぜなら、われわれは、そう、神に起源を有しているからです。例外があるとしたら、それはここにいるわれわれです。皆さん、ここにいるわれわれ、政党の綱領のみを神聖だと思っている政党奴隷には、キリスト教的政治に向かう機が熟していません。というよりもむしろ、われわれがキリスト教徒としてふるまうことを許さない客観的事態が、われわれの前に立ちはだかっているのです。異教的な制度です。そして、この異教的な制度がその根源もろとも、私的土地所有に回帰するのです。われわれが蒔くキリスト教の種子は、私的土地所有から発芽する利害が不毛にした土地に、整然と植え込まれます。二つの魂が、ああ、土地所有者の胸の内には生きているのです。金持ちの若者にかんする聖書の寓話において、すでにショッキングな仕方で描写されている葛藤です。ペディグリー伯爵は、キリスト教を一つの理想と呼びます。ちがいます、伯爵、キリスト教は一つの現実なのです。キリスト教は、社会秩序のための精神的基盤を提供します。その秩序がいかに強さも生きる力も備えていなかろうとです。皇帝には皇帝のものを与えましょう、皇帝にはいまやさらに、キリスト教的社会の実質的基盤を創り出す力も与えましょう。そうすれば、理想は今はまだ過酷な現実でも、われわれは皆、そしてあなたも、伯爵、生活のあらゆる状況で、キリスト教的にふるまうことができます。さもなければ、われわれは皆、この議会で、以前からずっとそうしてきたように、うわべを偽り、ごまかし続けることになるでしょう。（「ブラヴォー！」「ブラヴォー！」議会全体が騒然）私は、皆さん、私の主張の証拠をあなた方に示す必要はないと信じます。（中央党から「証拠を出せ」という呼びかけ）あなたは証拠が欲しいのですか。よろしい、ではお見せしましょう。他人のことに気をとられず自分のことに責任をもて、という原則にしたがって、他党自身の領分で同様の批判を行なうことは他の政党の代表者に任せて、私は自らの党の政治に証拠を求めましょう。それには、材料に事欠きません。さて、わが愛する仲間、党員の諸君。キリストにおける同志諸君、一九一四年八月はどうだったでしょうか。あなた方が戦争債権を公式に認め、武器に祝福を与え、私が教えにおいて無限のキリストの愛を説いた若者たちを、今度は突然隣人にけしかけ、神の名のもとに突撃に駆り立て、ランスの大聖堂を爆撃したのは、偽善ではなかったのですか。それがペテン、偽善でないなら、私にはもはや白と黒を区別する術がありません。（中央党から「ろくでもない平和主義者め！」、四方から「まったくそのとおりだ、続けろ！」という声）わが愛する党員諸君、二者択一です。われわれの言葉にしたがって行動するか、それに反駁するかです。しかしながら、後者を私は、根本的問題におけるキリスト教への背信、能うかぎり最も邪悪な背信と呼びます。開戦の際の行動ほどよく、キリスト教徒を特徴づけるものはありません。その際に、われわれは全世界を前にして、自らがキリスト教的国民であることを立証できていたことでしょう。しかし、われわれは、キリスト教はわれわれの振る舞いにかすかな影響さえ及ぼさなかったことを、証明しました。それでもなお、われわれは自らを高慢な口ぶりで、キリスト教的国民と呼びました。それゆえ、われわれ、そう、われわれ、私とそこにいる議会の中央党は、一人残らず信心ぶっているだけなのです。（四方八方から「まったくそのとおり。罪の告白だ pater peccavimus！」「向こう見ずなやつだ！」「やつをつまみ出せ！」という声）確かに、われわれは弱かったのです。しかし、このような告白を行なったとて、何もなされたわけではありません。われわれは「もう二度と戦争はしない」と誓わねばなりません。キリスト教はわれわれに、いかにして敵に打ち勝つかについての解決策を与えました。あなた方を迫害する者たちに、善根を積みなさい。彼らすべてに打ち勝つためには、完全武装をしている男たちをあなたたちの前で平身低頭させるためには、それ以上のことは必要ありません。（中央党から「なんという考え違いだ！」という声。四方八方から「ちがう！」「まったくそのとおり！」という声）もしそれが考え違いなら、キリスト教は偽りであり、性急な言い方とはいえ、われわれはキリスト教を棄ててしまったほうがよいでしょう。この教義が偽りなら、キリスト教からは、虚しい言葉以外に何も残らないでしょう。しかしこれは正しいのです。何千回も、それは真実であることを実証してきました。（四方八方から「まったくそのとおり、続けろ！」という声）汝の隣人を汝自身のごとく愛せよ。この教義は戒律ではありません。なぜなら、ひとは愛を命じることはできないからです。これは智恵であり、自省への促しです。この教義によって、隣人が私にとって愛すべきものと表象されるなら、私は、たいていの場合なおもキリスト教徒と自称する愛すべき人間が、いまやいったいどうして私を武器で威嚇するようなことになるのか、じっくり考えることになります。それとともに、自省のプロセスが始まります。われわれは、見たところ平和を保てないようですが、それならどうして、平和を保たないことが人間社会において偽りであらねばならないのか、という問いがもち上がります。ランスの大聖堂を爆撃するための闘争心からも、不自由を忍んだ生活、苦悩、戦争につきものの虱、病気に際しての気晴らしからも、われわれ男性が戦争に引き寄せられることは決してありません。われわれにおいても、他の者においてもです。では何が、諸国民を戦争に駆り立てるのでしょうか。人間社会のなかには、われわれを悪に駆り立て、キリスト教の説教よりも強力であることが判明するような、キリスト教政党の代表者であるわれわれに、戦争債権の承認によってキリストを否認させるような、いったいいかなるものが存在するのでしょうか。私は、このような問いにはまだ立ち戻りたくありません。私はまず、仮に私の約束を果たし、あなた方に、ここにいるわれわれは実際、無知の輩、偽善者、詐欺師の集団でしかない証拠をお見せしたいと思います。（あらゆる政党から「まったくそのとおり！」「続けろ！」「前代未聞だ！」「愚か者をつまみ出せ！」という呼びかけ）われわれが無知であることは、私はすでにインフレーションへの警告を発した際に、示しました。そうです、そうです、今のうち嘆息するならしてください、できればもっと。それは明らかにそうなのです。われわれが偽善者であることは、戦争債権承認という恥ずべき行為に言及することで、私はあなた方に示しました。いま私はさらに、われわれが悪党であることを、あなた方に示したいと思います。（あらゆる政党から「それも正しい」という呼びかけ）自己認識は、改善への第一歩です。わが愛する党員の皆さん、穀物関税はどうでしたか。われわれが新たな重荷を背負わせた大衆にたいして、誠実でしたか。当時われわれがそういう措置をとる気になった真の動機を、打ち明けましたか。むしろわれわれは、この真の動機を背後に隠し、ひどく低級なペテン師が常とするように、うわべの理由を振りかざしませんでしたか。（四方から「この人は偽りのない真理を語っている！」「いや、いや、やつはデマゴーグだ」「やつをつまみ出せ！」という声）われわれが国民全員をペテンにかけて、本当であるとは思わせなかったことは、何でしょうか。農業には関税が必要だ。そう、われわれは言いました。当時、お人好しの国民は、その農業を国民のための食料の生産のことであると理解しました。しかし実際には、それは地代、すなわち土地所有者の不労所得にのみかかわる問題だったのです。労働している国民の犠牲のもとに、土地所有者の不労所得、地代を上げるべきだ、という話だったのです！「農業の保護」という言い方で思い浮かべさせたかったこと、われわれ国民のキリスト教的代表者によってもそう理解されたことは、そういうことでしかなかったのです。（四方から「たしかにそうだし、そうだった」「われわれはイカサマをやっていた」「それは悪事以外の何物でもなかった」あらゆる政党のボスはホールを出て行った）ああ、臆病者たちよ。ここで男らしく認めて悔い改める代わりに、彼らは戦場の未熟な若者のように立ち去るのです。そうです、すでにあらゆるものをもっている土地所有者が、さらに豊かになろうとして、社会的権利を奪われた国民の、重労働によって得た乏しい賃金を羨み、女性労働者の財布へ手を伸ばしたのです。それは、寡婦のたった一頭の小羊を差し押さえさせた、裕福な牧場主のたとえ話を想い起こさせないでしょうか。［一九二七年五月二十一日のドレスデンにおける帝国土地同盟の代表者会議で、ヘップ議長はまったく恥知らずにも言い放った。「主題として、収益性をめぐる粘り強い対決が、議論の間じゅうずっと続きました。決定的なのは、収益性の奪還です」。そして、そのようにこの農政の現実の原動力が土地所有者自身によって一時間足らず暴露された後、同じ記録によればさらに十行そこそこで、「帝国土地同盟は、個々の職能階級に有利な一面的な政策は追及せず（地代生活者のための職能階級という名称はよい！）、ただ祖国へ奉仕することだけを求めています」（！）帝国土地同盟　二十一号、一九二七］

そして、われわれキリスト教政党の代表者は、国民にとって口に苦い負担を、どのようにして口に合うものにしてきたでしょうか。われわれの党、キリスト教政党によって、入ってくる関税が――ここで正しく理解してもらいたいのですが、プロレタリアートの犠牲のもとに関税をとおして引き上げられ、何倍もの額に達した、地代ではなく、入ってくる関税だけが――老齢保険組合に引き渡されるべきである、という提言がなされたことを想起してもかまわないでしょうか。ああ、この見え透いたイカサマ。国民をだますために国民の承認をとりつけようと、関連を理解していない国民に、国民にたいして行なっている略奪からわずかな報酬を与える約束をしたのです。(「なんたる不名誉、なんたる恥辱!」という声。全政党の多くの議員がホールを出て行く。廊下から、荒々しいわめき声、それにリボルバーの銃声が何発も聞こえてくる)

カプランが続ける。――外の連中のために、救急車を要請した方がよいでしょう。この集団を支配している暴力の精神が、いまや自分自身に向けられています。われわれは、この自己破壊的な自己批判を防止することはできないでしょう。私は、われわれは目下ここだけの存在になっている、と信じています。政党に属していない、あらゆる党派、宗派、宗教の構成員の大部分は、正義の精神によってまとまっています。ですから、お互いに近づき合いましょう。われわれは、党の精神と党規を棄てましょう。われわれは、自己責任のもとで、各人が自分自身にのみ忠実であるように、行動しましょう。われわれは、私がいましがた耳にしたように、まだ十分議決能力があります。好機を生かしましょう。正義の精神によって導かれることができ、全人類、全国民にたいする愛、真のキリスト教精神によって支えられている者は誰でも、間違いなく、ミュラーの提議についてこれ以上議論を続けることを要求しませんし、この提議から姿を現わすものは善きものでしかあり得ない、ということを知っています。そうした者たちは、試したりせず、目を閉じて、この提議にたいして「然り、アーメン」と言います。

議長 次の議事規定にたいする提議が出されています。

ミュラー法にかんする討議は、終了します。これについて、ただちに採決に入ります。

提議に賛成の方は、手を高く挙げてください。——議事規定にたいする提議は、満場一致で採択されました。

それでは、議事日程にのっている母親年金にかんする法案について、採決に入りたいと思います。これに賛成の方は、手を高く挙げてください。——満場一致で採択されました。

議会は「ドイッチュラント、ドイッチュラント」という歌を歌い出し、それには共産主義者もアナーキストも唱和する。

議長 ドイツの全政党の構成員によってドイツ国歌が声を揃えて歌われたのは初めてのことです

し、あらゆる政党の構成員が一つの法に全員一致で賛成したのも初めてのことです。しかも、どんな種類の法案なのか。われわれによって採択された法の射程を完全に見通せる者は、ここにはおそらくいないでしょう。これは、あらゆる状況において、これまで議会で審議にかけられたあらゆる法のなかでも、最も重大な結果を招く法です。願わくは、これがわが国民にとって天の恵みとなりますように、そしてそれにとどまらず、さし迫った危険をはらんだ社会問題の闇のなかで、世界のすべての国民を、松明として照らすものになりますように。そうすれば、いつの日か、われわれではなく、地球の諸国民がわれわれの先駆的な仕事を忘れないでいて、ドイツ国歌を歌う時がやってくるかもしれません。

議事日程は、これをもってけりがつきました。――どなたか、まだ何か述べたい方はいらっしゃいますか。ハニッシュ氏が個人的な見解を述べます。

ハニッシュ（無政府主義連合） 私が無政府主義者としてここでドイツ国歌を唱和できたことには、説明が必要です。私は、それが一番説明のつくことかもしれませんが、気分に駆られて思わずそうした、と陰口を言われたくありませんので。議長がいましがた願望として述べられたこと、すなわち、他の諸国民によって、ここで成し遂げられた作業の承認の印として、ドイツ国歌が歌い始められることは、すでに始まっています。私は無政府主義者として、自分を世界人と感じており、ドイツ人としてではなく、そのような世界人として、議会の成果を喜び、それまでは私の口をついて出てくることのなかったドイツ国歌を唱和したのです。そして望むらくは、これが最後の機会とならないことを祈ります。議長が議会の誰もいましがた採択された法の射程全体を見通していないと述べられましたが、その通りかもしれません。しかしながら、私は、土地の私的所有が崩壊するとともに、それと密接な関係があり、われわれが無政府主義者として目指している、社会状態が自動的に発展するにちがいないということを、無政府主義者は今までも常に多かれ少なかれ明確に述べてきたことに、言及したいと思います。国家は、われわれが常々主張してきたように、資本家たちの防塁であり、国民の福祉のためでも、いわんや社会的必然性としてでもなく、そうしたものとして強化されてきたのです。私的土地所有の廃止とともに、自明のことながら、このような防塁に関心をもつ勢力も消えてなくなります。同様に、いたるところで、国家の自動的な退縮がはじまります。そこでは、物事において私的利害が後退します。そして、私の無政府主義的な胸のうちで、心臓を喜びで高鳴らせるのは、そのことなのです。地球、すなわち人類の相続財産を粉々に打ち砕き、しかる後に、各々の国民に、球の代わりに一欠片を与える国家思想は、いかなる国民も自らの欠片には満足しておらず、満足できもしないので、それによってはじめて、いたるところで戦争気運をつくり出しますが、この国家が、より美しい形成物に場所を空けるために、その完全な解消に向かって、われわれが今日生み出した法とともに歩むのです。さしあたり、もちろんわれわれの国が問題です。しかしいまや、あなた方はその法がわれわれにおいて効果を現わし始めるのを、待ち受けています。政治的闘争、戦争、ストライキ、犯罪等のかたちで、非常に多くの騒乱を生み、損失の原因となる、内部摩擦は姿を消し、われわれがここで経済的諸力に基づいて蓄えるであろうものは、膨大なものになります。それはそのとき、生きる喜びに、わが国を訪れるすべての者の注意を引くにちがいない文化財に、姿を変えます。その際、このような発展の原因が探求され、われわれの今日の法が、「善はそれ自身の開拓者である」という原則に則って、世界法になるということが、起こらないはずはありません。その際には、同様の経済的状態がいたるところで同様の和平気運をつくり出し、その際には、われわれが何もする必要なしに、いたるところで権力思想が死滅し、ジュネーブ、国際連盟、条約がなくとも、全般的な軍縮が始まります。われわれがわれわれの法によって準備した市民平和は、その際には自動的に、諸国民の平和のための前提条件をつくり出します。しかしこのことがいったん保障され、あらゆる人間にとって、それが当たり前のことと思われるようになると、ただちに広範囲にわたる国家の解体が始まります。もはや誰も関税に関心をもたないので、関税境界は崩れます。工業に携わる者たちは、国境閉鎖によって自ら食料品の値段を上げることに、一切関心をもちません。他方で、地方の住民は、もし関税によって地代が引き上げられるなら、借地料もそれに応じて上がらざるを得ない、ということを知っています。それゆえ、われわれの法によって、自由通商、世界自由通商の基盤も整えられます。汎ヨーロッパのためや、似たような取るに足りない物をもらうために、われわれは闘う必要はありません。全世界 orbis terrarum がわれわれ、すべての人間のものなのです。われわれの法が、全般的な移住の自由のための前提条件をつくり出します。各人はいまや、自らの傾向、健康への配慮、年齢が駆り立てる方へ、あるいはワインや女性や歌が誘う方へ、向かうのです。もはや肉体的な地理学のみが存在し、政治的な地理学は存在しません。いまやあらゆるものが均等に手に入れられ、プロレタリアートはもはや存在しないので、もはや誰も、公共の福利のために犠牲を捧げねばならないという感情を抱くことはありません。いまや各人は、自分にたいしてだけ責任を負うべきなのです。そしてもはや誰も、国立学校や就学義務によって、両親にたいして子供の飼育の責任を引き受けることを思いつく者などいません。そしていまや、他人の子供が国立学校で役に立つ運搬用役畜に育成されることに、関心をもつ者もいません。いかなる国立学校も、国教会も、軍隊も、海軍も、官公吏も、制服も、司令部も、議会も、存在しません。あらゆる理想的な努力のために、太陽は今後は光り輝く栄光に包まれて、東洋のバルコニーに昇ります。われわれの政党はすべて、美しい理想のマントでその隠された目的を覆い隠していました。そしてこの理想によって、選挙権をもった大衆は、そしてあなた方も、皆さん、おびき寄せられたのです。いまやこの隠された目的は、実体のないものになってしまいました。ただ理想主義的なマントだけが、まだ残っているのです。そしてこれが、皆さん、今日の議会で、理想の夢に溢れたものから喜びを与える生命へと甦るのです。今後は、もはや何ものも、カトリック教徒や、その精神的兄弟である共産主義者が、精神的な影響を与えるかぎり、彼らがキリスト教や共産主義を現実化するのを妨げません。これまではひ弱ながらもなんとか生き延びてきた平和主義者や平和の使徒は、彼らの空想的な願望が満たされるのを目にすることでしょう。民主主義者はもはや、今日追放されている支配者が、将来なんらかの変装のもとに、官僚、盗賊、銀行家、貴族、教権政治主義者などとして、復活を祝うことを、恐れる必要はないでしょう。というのも、われわれの今日の法が、この支配者たちが繁栄の礎としていた地盤を根底から破壊するからです。コブデンとマンチェスターの人々にたいして、実践は彼らが常に権利を有していることを立証するでしょう。「国民経済学」の博士や教授、つまりこの資本家の近侍は、口から籠がはずされて、今日からはより公然たる真理を語ることが許されます。ペテンと偽善の時代は、終焉を迎えます。従来の意味での政治は過去のものとなり、われわれにとっては、そこで探求すべきこと、なすべきことはもう何もありません。（万歳、ブラヴォー）今日ミュラー法によってその温床を剥奪された、忌まわしい階級国家を、私は何度夢のなかで空中爆発させたことか、そしてその後再び、そのような手段によっては何も変えることができないと、絶望に駆られながら何度認めねばならなかったことか。そんなことをしても、ダイナマイトは階級国家の根には届きません。希望を失い、自暴自棄になって、私はわれわれの理想の墓場の縁に立ちました。ところがまさに今日、小さなカトリックのお坊さんがやって来て、古くからの問題をカトリックの側から取り上げて、この古き教えの本質的なところを遠慮会釈なく前面に押し出し、隣人、あらゆる人間、例外なくあらゆる人間、あらゆる国民、あらゆる人種への愛を、文化的発展への何らの顧慮もなく、自らの武器にすることによって、あり得ないこと、つまり一生懸命やっているあらゆる者の共同戦線を作り上げることに、成功したのです。私は、暴力で、ダイナマイトで、政治的綱領の鉄の鎧を爆破しようとしていました。カプラン・ガステンは、愛と正義の太陽の光を降り注ぐことで、それを溶かしたのです。キリスト教はここに、はるかに優れた手法であることが証明されました。カプラン・ガステン、小さなお坊さん、ガリラヤ人、あなたは勝利を収めたのです！　私がそう言うのは、あなたが勝利に到り、敵の敗北があなたを喜ばすと認めるからではありません。それについては、私は今日、あなたの偉大な魂を深すぎるほど深く覗き込ませていただきました。あなたによって用いられた手段にたいして、私は今日、公に称讃の意を表明します。われわれが全人類にわれわれの心のなかの場所を用意し、あらゆる人間に各々の立場で、愛、無限の愛だけをもって接することによってのみ、われわれは今日の勝利に永続的な基盤を与えるのです。

皆さん、もう遅くなりました。帰宅することにしましょう。朝の空気が香ります。

重農主義者の国での調査旅行

この論考の題に選ばれた「解体された国家」という言葉は、無支配Akratieや無政府Anarchieという名称と簡単に同列に置くことはできない。この言葉のなかには、無支配という言葉が否認の意味を含んでいるとしても、それ以上のことが隠されている。支配者の追放とともに、無支配主義者Akratはその言葉のなかに潜んでいる計画を実現した。その後もなお生じるはずなのは、それにかんして多くの異なった意見が相並んで存在し、存在しうる、問いかけである。たとえば、国家が、ある政党、階級、多数派の手の内にあって、少数派がそれに順応しなければならないときにはじめて、国家と無政府は矛盾する。その矛盾は、国家がどんな政党にももはや仕えなくなれば、消え去る。ちなみに、決して存在しないだろうこのような国家を、無支配主義者は原則的に承認することができるだろう。

解体された国家にとっては、それにたいして、支配者の追放は目的ではなく手段である。支配者の追放とともに、はじめて本来の課題が端緒につく。それは、撤去により、いかなる仕方でも、質的にも量的にも、今日の人間と区別される必要のない人間（したがって、共産主義、キリスト教、空想家が必要とするような、理想化された人間でもない人間）による社会が、法やそれに付随する執行権が活発な活動に介入する必要もなく、生存し、繁栄することのできる空間をつくり出すことにあり、そこでは、今日のように、ひとは分業によって忙しく働き、労働の産物を売ることに頼らざるを得ず、全世界と貿易関係を保ち、世界市場に競争力をもって登場し、海を船で航行し、そこでは、道路、橋、鉄道が、農民に銃を握らせることなく、彼らの耕作した耕地を横切って建造され、そこでは、各人が自らの利益に執心しており、そこでは、移住してくる者が移住していく者より多く、そこではそれとともに、このような国民においては、国家によって運営され統治されている国よりも、内部摩擦が小さくなり、費用もかからなくなる、という証拠が示されるだろう。

ひとはこのような群衆の国に、どこかの明るいドイツのブナの森に足を踏み入れるように、またジークフリートが太陽に向かって、不注意にも歌い、口笛を吹きながら、いずれにせよ、国境警備兵に注意を払わず、国境警察のことを念頭に置かずに、騎行するように、足を踏み入れる。ひとはその後、各々個別に直接自分の事にかかわっている人間たちに取り囲まれていることに気づく。そこでは、公共の福祉のことを一日八時間考えている者は誰もおらず（そして、一日八時間、人間が自らに相応しい内実に身を捧げており）、そこでは、公共の福祉が、誰もそれを気にかけていないという事実から、生じてくる。いまやひとは、この群衆の活発な活動に身を投じなければならない。そして、どんなによく聞こえようとも、この群衆がひとの役に立つ有用な存在になることは、各人にもともと備わった属性なのである。それは、最も単純なかたちでは、商品の値段や、その分野でとりわけ秀でていると信じられている仕事の量が吟味され、しかるのち選ばれる、という仕方で起こった。カルーソよりうまく歌える者は歌い、サンタ・クララよりうまく説教できる者は説教し、リップス・トゥリアンよりうまく盗める者は盗んだ。（もしこのような大仰な分野に才能がないなら、風の吹くままに進ませればよい！）いまでは、このような群衆は、何か特別なことが起こっても、誰も「国家はどこに残っているのか。ここに国家が介入すべきだったのに！」とは叫ばない。ひとはまったく、すべて自らの衝動から行なうことに頼らざるを得ない。もっと言えば、日々の生活のあらゆる問題において、一つ残らずそうなのである。エルツ山地で谷川が水かさを増して大きな流れとなり、人を押し流しても、ハールツで鉄道列車が堤防の下で音を立てていても、ハンブルグでコレラが、ブレスラウで天然痘が発生しても、ポーランド人、フランス人、ムッソリーニが自らやベルリンのわれわれに手を差し伸べても、失業者が市庁舎の外壁の前でデモを行なっても、国家官吏は姿を見せない。それにもかかわらず、なんとかうまくいくのである。もっと言うなら、国家が貯蓄銀行の資産、老人や働けない者の虎の子の財産を横領し、国家があらゆる隣人と敵対し、その後国家の「救済」のために、二百万人の若者の生命と四百万人の負傷者の健康を犠牲にし、その上国家が総額千三百二十億の賠償金を工面しなければならないところよりは、うまくいくはずである。

解体された国家では、個人の自発性が完全に国家の代わりをするのである。しかもそれどころか、私的な法書を根拠にして契約を締結し、そのための執行権を自分の拳、リボルバーか、それよりはましな損害、つまり公の信用と名声の喪失によって契約違反者が被る損害に、委ねることによって、各人は自分のために法関係をつくり出さなければならないのである。押し込み強盗や姦通者も、私人と関わり合うしかなく、向こうの頂塔に山賊が吊るされているなら、その友は、少なくともその死体は国家の死刑執行人によって汚されたのではないことを、確信できる。簡潔に述べるなら、

　解体された国家では、法務大臣がいなくとも、文化大臣がいなくとも、栄養大臣がいなくとも、インフレーション大臣、福祉大臣、デフレーション大臣がいなくとも、戦争大臣、そう、それどころか平和大臣がいなくとも、うまくいくのである！　どんな通商大臣も、どうやって私の机を安いパンと高い関税請求書で覆うことができるかに、一日八時間頭を悩ませることはないし、借り入れをするなら、彼はそれをヘルフェリッヒの通貨では行なわず、驚いたことに、私的な、裏付けのない紙幣で行なうのである！

　すべてが国家の解体に帰着することを記した、このような素描に驚愕する者は、以下のことを安んじて自らに作用させるがよい。われわれが今日送っている市民生活は、まだ広い範囲で営まれ、それはほとんどそのまま、生産と交易において、人間がその主要な力を捧げるのを常としている活動が、いずれ国家の介入をほとんど免れる、**解体された国家**において営まれるであろう生活となる。農民、職人、企業家、芸術家、商人、そして大勢の労働者は、自由な職業選択のもと、彼らの手段の範囲内で行動する。この方面では、国家は誰にも指示を出さない。商人は、自らの商品と交換に、

彼らの欲するものを要求し、いずれにせよ彼らが手に入れることのできる以上のものは要求しない。「そして、満足できない者は、移住することができる」

どうやらわれわれは、**国家の解体**によって目指される秩序の端緒を、次の問いの正当性を理由づけるのに十分なだけは、見出しているようである。社会生活の最も広範囲にわたる、最も困難な領域において、商品生産において、さまざまなサービスの交換において、価値形成に際して、国家の介入がまったくなくともうまくいくなら、なぜわれわれはそれでもなお、その他のことのために国家を局外に置いておくことができないのだろうか。この問いにたいして、われわれは、**国家の解体**という言葉に血も凍りつくすべての人々のために、今すぐ答えを出したいと思う。

A　われわれは、いまや無事に、わが国を後にしました。今われわれは、市民でも臣民でもありません。ここに境界石があります。

B　ちょっと待ってください。それでも重農主義者はいかなる国家ももっていませんし、その結果、いかなる境界ももっていないのですよ。あなたが向こうに見る境界石には、片面しか線が引かれていません。それは、われわれの国によって置かれてきました。それは、たとえば刑務所の塀のように、片側だけの境界にすぎません。

A　そうだとすると、われわれの国家が境界石をもっと重農主義者の国のなかに移し替えないのは、私には訝しく思われるのですが。

B　重農主義の感染の恐れを前にして、恐怖心が国家がそうするのを妨げているのです。あなたは早くも、われわれの国への帰途で、われわれが国家の安全を危険にさらす文書の捜索を受けるのを、目の当たりにするでしょう。思想が無関税なのは、いいことです。

A　しかし、重農主義的な隣人がわれわれの国家にとって脅威となり得るのは、ここからひとを惹きつける力がわれわれの国民に向かって発する時、つまりは、重農主義的な制度の方がわれわれの国の国家的な制度よりも人生の幸福を保障する、という信念をもった訪問者が帰国した時だけでしょう。そしてそれは、重農主義者の国への移住というかたちで、明白なものになるでしょう。しかし、このような展開にたいして、われわれの国家は、重農主義的な制度を自分のものにすることによってしか、抵抗できないでしょう。ロシアのボルシェビキと同様に、ロシアの状況がいたるところで移住したがっている者を惹きつけるように作用するならば、費用のかかる国外宣伝はやらなくても済むようになるでしょう。

B　まあとにかく、道路の痕跡をじっくり見てください。ほとんどすべてが重農主義者の国へ向かっていて、帰国者の痕跡はほんのわずかしか見当たりません。ともかく、きわめて激しい流入が優勢である、と言われています。まず第一に、たくさんの子供をもち、母親年金をあてにしている、ジプシーの妻がそうでした。彼女らが入ってくるのを妨げる者は、誰もいませんでした。しかし彼女らは、熊使いや鋳かけ屋として互いに激しく競争し、そうしてまた多くの者が移動していきました。われわれがかろうじて認めた帰国者の痕跡は、裸足の者がつけたもので、それゆえジプシーのものだったかもしれません。次に、警察、公衆の意見によって虐げられ、重荷を背負わされていると感じている者たち、無道徳主義者の国で救われたいと思っている者たちが、やって来ました。このなかからもまた、多くの者たちが移動していきました。というのも、無道徳主義者は生命と財産の保護を、馬泥棒、乱暴者、手形偽造者をかなり手荒く扱うに決まっている、リンチ判事に委ねてしまったからです。しかし、われわれのところで監獄から監獄へ渡り歩いていたこれらの人々の多くが、重農主義者のところでは、労働への嗜好を見出してしまいました。というのも、そこでは皆が働いており、搾取の廃止の結果、労働の方が押し込みや盗みよりも人間を養えるのを、彼らは目にしたからです。しかし今は、重農主義者の国に惹きつけられるのは、後ろ暗いならず者だけと決まったものでもありません。農民、職人、労働者、あらゆる芸術の芸術家が、大挙してひたすらそちらへ向かっています。たいていは、より高い労働収益、安心な経済的状況に惹きつけられてのことですが、居心地のいい社会的状態の結果でもあります。世界で最も有能な企業家たちは、フォードを先頭にして、彼らの産業を重農主義者の国へ移転するという考えを、真剣に抱いています。というのも、彼らはここで、国家にまったく妨げられずに自らの意思を押し通す努力ができるからであり、搾取の完全な廃止が、労働者にたいして、企業家の真の役割を明確にし、われわれのもとでは確かに非常に重要であると見做されてきたものの、もう長いこと徒に追及されてきたもの――労働者と企業家の間の連帯感――を実現させたからでもあります。重農主義者の国の労働者には、彼らが企業家を、経営協議委員会、ストライキ、サボタージュ、公然たる誹謗中傷によって意のままにすることによって悩ますならば、彼らのうちで最も有能で純良な者は撤退し、その後、当然賃金の伸びには無関心ではいられない、詐欺師、ペテン師、ろくでなしに活動分野が譲られる、ということが分かっています。フォードはあらゆる労働組合の干渉を謝絶したおかげで、彼の産業は記録的な賃金を支払うことのできたのです。しかし、労働者が労働組合活動家や経営協議委員会を使ってフォードを追放し、労働者から搾取者、高利貸し、ろくでなしと呼ばれうる人々をフォードの地位につけるなら、このような人間の指導のもとで、企業は間違いなくすぐに、記録的な賃金を資金的に可能にしていた利潤をもはや生み出せなくなるでしょう。繊細な自尊心はしょせん、大企業を経営する人物の属性です。あらゆる重要な属性は、結局は自尊心に尽きます。賃金労働者のあらゆる利害は、企業家精神を悪党や詐欺師の手から国民のエリートの手に移行させるという要求と合致します。しかし、重農主義者の国では、そこで企業家にいかなる種類の道徳的、労働組合的、法的な縛りもかけないことによって、自動的にそれを達成します。自由の本性は、まったく自動的に、自由で高貴な精神の持ち主を元気づけます。自由は、志操の低い者と折り合うことはできません。

たとえば、私は、フォードがかつてもっぱら賄賂に道を切り開くのを常とする国家で大儲けしたとは信じません。

A　私には、労働者がどうやら賃金制度、彼らの文献であれほど激しく闘いを挑んでいた制度に満足してしまったことが、非常に興味深く思われます。いったいどうやって、このような見解の変転が生じ得たのでしょうか。

B　それは主として、資本はもはやいかなる利益も生まず、要するにいかなる資本も言葉の搾取的な意味ではもはや存在しないので、賃金労働者は企業家をもはや搾取者とは見ず、見ることもできないということによって、うまく説明できます。製品の販売から賃金の支払いと普段の支出を済ませた後に、企業家の手に残っているものは、いまや完全に勤労所得と見做されねばならず、それは各々の他の勤労所得と同じように、競争の法則に支配されています。ここでは、賃貸借料の競りにさいしての完全な自由な競争において決定された、賃貸借料を支払う各人の自由使用に、土地が任されているので、また、貸出金利がゼロ近辺を行ったり来たりするので、意欲があり、そのための能力があると信じる者は誰でも、その能力がないと感じる者たちを、労働者として自らの周りに集めることができ、他の企業家との競争を歓迎します。ところが、単純な農業を自立して営むことにも、誰もが有能とは言えず、それどころか多くの者は、本当に多くの者は無能であり、産業、輸出業、工房、床屋、薬屋においてはなおさらのことです。「上には常に余地があります。指導的な地位につきものの責任ある仕事のためには、われわれは常に、何千人もの志願者のうちからやっとのことで、相応しい働き手を見つけます。われわれのところで工場が六％の配当を生み出すか、それが三％になるか、〇％になるかは、決して労働者ではなく、常に企業を経営する人間の質にのみかかっているのです」と、企業家は言います。この事情が、今は、労働者の目から覆い隠されています。彼らは皆つぎのように言います。資本がわれわれをプロレタリアートにしたのだ。それがなければ、われわれはどんなに頼もしい男になっていることだろう！　とにかく企業家、商人、薬剤師にできることは、われわれにだってできるのだ。われわれには、学校と資本が欠けているだけだ。それ以外のものはすべて、われわれは自分の母親から申し分なく受け継いでいるのだ！　しかしこのことにかんして、このような説明をしても許される者はいません。このことにかんしては、誰でも、その人が選ばれた職業に甘んじなければならないのは、他でもなくまさにその母親次第であることを、知っています。天命と幸運です。母親が横道に逸れて、大土地所有者によって何世代にもわたって役畜に育て上げられた俗物の代わりに、モンゴル人、ユダヤ人、イタリア人を自分の子供たちの父親に選びとることによって、子供たちの運命を正していたら、ひょっとしてわれわれは上位に立って、命令を下しているかもしれません。ここでは、賃金労働者が誠実な自己認識にもとづいてそう語っています。（ローザ・ルクセンブルクは、彼女の著作で、反論することなく、カール・マルクスから引用している。「今日の世代は、モーセが荒野のなかを導いて行ったユダヤ人によく似ている。それは、新たな世界に堪えられる人間に場所を空けるために、没落しなければならない」カール・マルクス『フランスにおける階級闘争 Die Krassenkämpfe in Frankreich』）それに、企業家や商人の心配事を背負い込むことは、万人の責務ではありません。ここでは、多くのこのような労働者は確かに自立することはできるでしょうが、そうしたいとは思いません。彼らは、自立して経営する者の心配事を背負い込みたくありません。賃金労働者は、文字通りすばらしい人生を送ります。彼には何も心配事がありません。企業家は考えます。賃金労働者には、その必要がありません。彼は自らの精神的な力を、もっと美しいものに捧げることができます。企業家が夜分に、機械の故障、手形拒絶証書、海難事故について思い煩っている間、賃金労働者は婚礼のために歌を作曲します。賃金労働者は、意欲があり、それを必要と見做すかぎり、製造します。それから家へ帰り、工場のことは翌朝サイレンがなってはじめて考えます。彼は、出来高払い賃金で製造します。それゆえ、彼には自分の財布のなかに自らの労働の見張り番がいます。彼は八時間は規則のもとで働き、それからの一日十六時間は拘束されずに残ります。彼はその後、研究したり、遊んだり、子供と散歩に出かけたりすることができますし、いつも非常に多くの休暇期を要求できるので、毎年ケーヴェラアーやローマやエルサレムに巡礼に出かけることもできます。賃金労働者が自立してやり繰りしている農民、職人、商人、薬剤師にたいして有しているこのようなあらゆる利点は、あらゆる精神的に感じやすい人間を、賃金労働者の地位に導き入れているようなものです。今日われわれのところには、そのうち非常に多くの者が神経症、不眠症に苦しんでいる、詩人、自然研究者、天文学者、化学者、あらゆる宗教の聖職者と信徒、役者などがいますが、彼らが流れ作業で時間を過ごし、その後、賃金に支えられて、いまやどの方面にも配慮することなく、もはや歯に衣を着せる必要もない、自由な人間になるのです。すばらしい単調な流れ作業に際して、彼らは「思考を休み」、これまでの学問的討議の辛苦から回復するのです。いかなる化学的な睡眠薬といえども、この流れ作業の賃金労働ほどの効果は実証されていません。このように社会的に入り交じることで、われわれの社会的関係においてそれにまだつきまとっている劣等視が、賃金労働者の身分から取り去られてしまいました。無気力という概念と賃金労働者という概念を等価値に置くことは、ここでは完全になくなり、この名称から苦い混じり味が取り去られてしまいました。以前から私は当地でよりよい社会を見出したいと思っていたこともあって、私はここに腰を据えるなら、私もただちに賃金労働者として自分を売り込むでしょう。

A　私は、残念ながら、あなたの言ったことが耳に入りませんでした。というのも、私はずっと、自分の鞄のなかで自分の証明書類を探していたからです。誰かが私の証明書類を盗んだにちがいありません。（旅券、警察発行の「品行証明書」、大学卒業証書、資格証明書等）

B　あなたはそんなことを心配しなくてもいいのです。ここには、いかなる証明書類も、それを発行できる戸籍簿もありません。あなたに会う人は誰でも、あなたがかつて生まれたことを信じます。あなたの父親が誰であったかは、書類でも確実なことは言えませんし、あなたの母親が誰であったかは、あなたか、さもなければいずれあなたの娘婿に興味を起こさせるだけです。あなたのこれまでの長い人生で、警察を除いて、かつて一人でも、あなたの証明書類、あなたが人間の一員であることの紙による証明を気にかけた者はいましたか。いませんね。人間の交際が市民的世界のなかで生じるやいなや、交際に書類を求める者など誰もいません。フォードは十万人を雇用していますが、誰一人にたいしても証明書類を求めたことはありません。あなたが何者であるかは、人間の社会においては、常にまずあなたの行動と言葉によって示さなければなりません。あなたが信じている人に気をつけなさい！　そう格言は述べますが、証明書類を示す者に従いなさい、とは述べません。人間と関わり合わねばならない者にとって、もっぱら基準となる本当の証明書類は、各人が額に、その目の眼差しに、担っています。証明書類、しかも金縁のそれに従う女性は、常に騙されます。そして、ここ重農主義の国においてはじめて、人物の印象が正しく、あらゆる証明、あらゆる卒業証書、あらゆる資格証明書、あらゆる博士の称号の代わりを努めるのです。

Ａ　私は、この境界、言うなれば、重農主義の国の周辺に留まって、哲学的に思索しているよりも、個人的な経験と印象を獲得するために、向こうでバスに乗って国の内部に突き進んだ方がよいことが、分かりました。

B　あなたの言う通りです。でも、出発までの時間を、あそこの貼り紙を研究するために使いましょう。

A　私は、われわれが国家が解体された国にいる、と思っています。それなら、いったい誰が貼り紙を掲示する任を負い、誰がその費用を負担するのでしょうか。そして、無支配主義的な社会で、その背後にはどんな権威が潜んでいるのでしょうか。

B　それについては、おそらく、貼り紙自身が回答を与えてくれると思います。それを読み上げてみてください。

A　すべての者へ！　汝が誰であろうと、通りすがりの者へ！　ここで、何度も家宅侵入したかどでリンチ判事によって打ち殺された、ヤーコプ・ヨーゼフ・ポイの魂のために、主の祈りを捧げよ。彼の魂に神の恵みがあらんことを。

通りすがりの者よ！　次のことを銘記せよ。汝は汝の土地に立っている。ここでは、ともかくまだ、誰も汝にたいして優先権をもっていない。以前、所有地侵犯を免責し、それどころか正当化することができた状況は、ここには存在しない。国民の自立にたいして有害な人間を擁護した裁判所も、ここには存在しない。泥棒は、ここでは直接、被害者に向き合っており、汝がこのヤーコプ・ヨーゼフ・ポイの運命から見てとることができるように、被害者が心理的考量によって衰弱することはめったにない。汝が誰であろうと、汝はここでは、他のすべての者とともに秩序だった借地料の競りに参加する権利、他の者に競り勝つことによって自分のために必要な土地を確保する権利を有する。賃貸可能な地所の一覧表を、汝は母親連盟の秘書のところで手に入れることができるが、もし汝が女性、母親なら、そこで母親年金の受給のために申請を行なうべきである。汝はきっと、この母親年金が土地の賃貸収益から供給されていることを知っていよう。競争が賃貸料を上昇させればさせるほど、母親年金も潤沢になる。

汝が自らの農場の経営資金がないとしても、汝がいくらかでも信頼の念を生じさせる印象を与えるならば、汝はさっそくその場で、汝に貸し付けることを拒まない人間を見出すであろう。貯蓄銀行は供給過剰なので、この借用に際して、汝がだまし取られないための保証も提供されることになる。（どこか他のところでまだ利息が存在するかぎり、その地方の利息が消滅することはあり得ないことは、すでに他の箇所で言及された。読者には、このペテンのより明確な描写のためになされた譲歩をお許しいただきたい）さもなくば、汝はまず最初に、賃金労働をとおして一定の資金を手に入れる方が、得策である。汝が汝の労働と汝の普段の振る舞いをとおして、汝が頼もしい男であることを示すならば、汝はすぐに、この国で貸付金を受けとるのに必要な信用を勝ち得るであろう。

しかし、汝がアルコールや他の悪徳の生贄となっているならば、我は汝に、最初に自立を試みるのではなく、僕として雇われ、汝自身が汝の悪徳の僕に留まるかぎりは僕のままでいることを、勧める。ここには、このような人々の扱い方を心得ている、農民が何人かいる。その人たちのところで、汝は安定した仕事を見つけることができる。しかし、これをかぎりに、次のことを銘記せよ。ここでは、苦境（不幸な出来事は除く）にあるのは常に自己の責任である、と見做される。汝が酩酊して側溝で寝ていても、汝はそこにいたまま溝で凍死するかもしれない。墓地の碑文を読んでみよ。汝は汝の土地に立っているのであって、誰も汝にたいしてわずかばかりの責任すら感じない。すでにカインがたてた「**私は弟の保護者でいるべきなのか**」という問いには、ここでは一般的に「否」と返答される。次のことを銘記せよ。老人、病気、労働不能、不幸な出来事には配慮せよ。このような配慮をする資金を調達するためには、汝の労働収益で十分である。物乞いはたいてい少額しかもたらさない。汝が友が苦境に陥っているときに友を助けることによって、友、良き友の面倒を見るなら、彼らも汝を助けるであろう。このような友情に基づいた保証を、多くの者は最も確実なものと見做す。

要するに、今一度言うと、犯罪に追いやる困窮をわれわれは是認せず、被害者が隣人によって汝に下された刑罰の執行官となる。汝が犯罪に敢えて手を染める前に、それが何を意味するのか、じっくり考えよ。墓地が、この汝の国では、唯一の監獄である。墓石に刻まれた碑文を読んでみよ。それゆえ、次のことを銘記し、心にしっかり刻みつけよ。ここには、いかなる社会福祉も、失業手当も、ホームレスのための宿舎も、保護検束もない。つまるところ、汝自身の面倒を見ていれば、神が汝の面倒を見てくださるであろう。

私は最も近くにいる隣人として、しばしば質問者に私の仕事を妨げられるので、ここにこれを書き記した。

コンラート・シュミット　道の主

B　この道徳は、あなたの口に合いましたか。確かに、これは少し無遠慮な感じがします。しかし、自然におけるように、それは結果次第です。われわれは、自然のなかで演じられる生存競争を嫌悪します。――そしてその成果は賛美します。すなわち、いわゆる慈善は積極的なものであれ消極的なものであれ、同様に破滅をもたらすものであることが判明しています。

A　私は、苦境における相互扶助は、人間のうちにとても貴重な衝動を目覚めさせ、発展させる、と思います。しかしながら、この自力救済への激しい、再三にわたる指摘によって、右記の衝動はおそらく危険な仕方で衰弱することでしょう。ここで、海難事故、劇場火災、そして、より大きな規模では、新氷河期、世界大戦のことを考えてみましょう。

B　私は、あなたが貼り紙の内容をいくぶん誤解していると思います。私が理解するかぎり、ここでは単に、納税者の負担のもとで行なわれる制服を着た役人による各々の公的生活扶助が存在しないことに、注意を促しているだけです。そのことを別にすれば、誰にも、貧しい人々を援助することを禁じているわけではありません。翻って、われわれのところでは、どうだったでしょう。そこでは、たとえば物乞いは警察によって禁じられなかったですか。それは、妬み深い当局の見解によると、多くの者への公的な生活扶助を無視して、乞食に物を与えたからにすぎません。それゆえ、そこでは、警察力によって、自然に流れる慈善行為を塞き止めなければならなかったのです。しかし私は、われわれのところでは、慈善行為が、大量の貧民にもかかわらず、有り余っているものとして禁じられたのなら、ここには貧民がわずかしかいないのだから、慈善行為がわれわれの人間的感情にとって十分であるといえる程度を超えて示されてはならない、といわれても承服できかねます。とりわけそれは、公的な生活扶助の不在が社会的衝動を高めるにちがいないからでもあります。それゆえ私は、まさにここでこそ相互扶助が最も強力に立ち現われてくるにちがいない、と信じています。あらゆる国家的扶助が存在しないために、人間が相互性に頼っているところでは、とにかくいたるところでそれが観察できるようにです。クロポトキンが自然における相互扶助について述べていることは、人間にも当てはまります。しかしながら、ここではさらに、何かとても重要なことが顧慮されるべきです。ここでは土地が同じ条件であらゆる人間の意のままになることによって、困窮の撲滅のために、国家が常に行なってきたことよりも千倍も多くのことがなされてきました。

公的な生活扶助は困窮を維持はしましたが、取り除きはしませんでした。大衆の悲惨な状態は、ここでは未知のものであってほしいものです。この大衆が悲惨な状態に陥っている光景は、個々人がそれにたいして完全に無力であると感じざるを得なかったために、われわれを鈍麻させ、粗野にするものでした。人間は受け流すことのできない困窮を目の前にして、それをないことにして目を閉じるか、立派な男の場合には、無力な国家にそれを訴えるかして、なんとか切り抜けてきました。国家の全能性への信仰がなければ、ここで起こったように、われわれはきっともうとっくに根本的な仕方で貧しい人々を助けていたことでしょう。

A　それはあり得ることです。しかし、あなたは、貼り紙が注意を喚起していたリンチの判決、人民裁判にたいしては、何と言うのですか。刑罰と犯罪が正しく釣り合っているという保証は、どこにあるのですか。われわれのところではせいぜい懲役刑が科されるケースで、ここでは死刑宣告が下される恐れはないのですか。それに、ここで素人裁判官に当然予期されうる、多くの誤審の恐れが！

B　貼り紙のなかには、どこにも刑罰についての話はありません。刑罰という概念は、宗教的な、とりわけキリスト教的な観念に由来します。人間は、そう信じられているように、自らが欲し、それゆえそれに責任のあることを行なうことができるし、思い止まることもできます。われわれは、われわれの司法権の保護のために、この犯罪の責任と道徳的な評価がいかに多く乱用されたか、を知っています。確かに、貼り紙は通りすがりの者に、打ち殺された犯罪者の魂のために祈ることを懇請しています。それゆえ、それはキリスト教道徳の基盤の上に立っています。しかし、それはリンチの判決も否とはしていません。なぜなら、さもなければ、それは通りすがりの者に判事のために主の祈りを唱えることも要請するはずだからです。**リンチ**判事は、自らの判決を社会の保全と呼んでいるのであって、刑罰、道徳的贖罪と呼んでいるわけではありません。それゆえ、彼の判決は、自由意志、責任を前提としていません。**リンチ**は、一般的な犯罪者と政治的な犯罪者を一切区別しません。両方とも社会にとって危険であり、彼はこの理由から、両者を同等に扱います。このような手続きで無実の者が絞首刑になっても、リンチは彼に不正が行なわれたとは言わず、彼の身に不運なことが起こったと言います。犯罪者と判決を下す判事の精神状態を決して同等には扱えないように、判決と犯罪の間には、決して「正しい」釣り合いなどないのです。ここでは、「われわれはどうやって犯罪者の犯行から身を守るか」という問いがたてられるだけです。ここでは、犯罪者を追放することはできません。なぜなら、重農主義者はいかなる国境も知らないからです。自由刑によっても、犯罪者を無害化することはできません。というのも、ここには一切、監獄がないからです。それでは、リンチはどうするべきなのでしょう。彼は、最善の方法で犯罪者を無害化するのです。物事の本性からして、彼には、手段の選択におけるわずかばかりの余地が残されているだけです。しかしながら、各人が自分の生命と財産を自分の意のままになる手段をもちいて守ろうと努めることは、なんといっても自明のことです。最善の策は、悪疫に際しての予防策のように、この観点のなかに存します。そして、これを重農主義者は模範的な手段をもって実行してきたのです。われわれのところでは、困窮が犯罪へと向かわせますが、その困窮はわれわれの社会的な仕組みの産物なのです。リンチは、犯罪者を殺すか、立ち去らせます。われわれのところでは、犯罪者は監禁され、しばしば終身禁固に処せられます。私には、リンチの方が人道的であるように思われます。このような終身禁固刑に服した後で懲役囚に死の床で尋ねたら、異口同音にこう答えるでしょう。「当時、あなた方が私のこともリンチにかけていてくれたらなあ」

A　あなたの言っていることには、合点がいきかねます。犯罪者を拷問にかけたり殺したりせずに無害化できる手段が、見出されなければなりません。

B　そして、われわれが犯罪者のために、判事、看守、死刑執行人を任命することによって、われわれが解体した国家を、再び立ち上げることを強いられることなく、です。なんといっても、犯罪者のために、国家の新たな指針によって、全国民を犯罪者にすることには、何の意味もないでしょう。さあ、向こうでバスが警笛を鳴らしています。出発する時間です。

バスの運転手　皆さん、ここでは、乗客が巻き込まれる可能性のある何らかの事故にたいして、誰も責任を負わない、ということをお知らせしておきます。しかし私は、ここに掲げた料金にしたがって、乗客に事故保険をかけています。そうは言っても、道路はよく維持されており、これまでのところ重大な事故は一つも起きていないことも、申し添えます。運転手として私を信用する人は、乗ってください。私を信用しない人は、私の競争相手を試してみるといいでしょう。

B　質問です。向こうの深い谷に架かっている橋の負荷能力は、誰が保証するのですか。

バスの運転手　あそこの母親連盟が発行した冊子に、説明があります。私はもう出発します。

A　なんてことだ、あいつが運転しているというのに！　しかし、こんなスピードで走っても大丈夫な道路に、脱帽だ。本当に揺れもしないで、スピードが上がる。

B　ここなら、とてもよく読めますよ。われわれに母親連盟の冊子を読んでください。

Aが読む。――来住促進の途上における地代の上昇による母親年金の上昇のための母親連盟の宣伝文書。この国の新参者へ。汝はこの国で、汝には誰かしらよく知られた慈善家か、それどころか福祉大臣が生み出したものだと思われるだろう、たくさんの施設を目にするだろうが、慈善家から何も贈ってもらおうとは思わない繊細な人間として、右記の施設を使うことにおそらくためらいを感じるだろう。安心して、思い切って手を伸ばせばよい。右記の施設が生まれたのは、もっぱら母親連盟の商才のおかげである。向こうに造られた橋は、三百万の費用がかかったものの、この橋のおかげで汝が深い谷の上でも心配することなく悠々と進むことができるのであり、この橋によって一般の交通とつながった所有地が、上昇した借地料に基づいて、その費用を短時間で償還されるという目論見のもと、地代から入ってくる資金で、母親連盟が出資したものである。この推測が正しかったことは、橋の完成を前にして、すでに現在、各人の所有地の借地料がぐんぐん上昇している事態が証明している。見込みでは、橋の建造は、建造費用の償却後、少なくとも二〇%の母親年金の上昇を可能にする。南部の大きな沼地の干拓は、一千万の費用がかかったが、この費用をすでに四年間で取り戻し、今では母親年金に毎年二百五十万のボーナスを与えるに到っている。汝がここで走っている自動車道路も、同様に母親連盟によって計画され、建造され、出資されたものであり、やってくる者はすべて無料であるにもかかわらず、実際は、母親年金にとって、桁違いに儲かる事業であることが判明している。同じことは、山地の無数の避難小屋、山腹の植林、水運用の大運河、無数の土地改良、整地、岩石爆破、畑道などにも当てはまる。原野、沼地、荒れ地を、われわれは、無利子で自由に使える貯蓄銀行の資金で、肥沃な土地に変え、その後、希望者にそれを賃貸しする。賃貸料から、われわれは真っ先に貯蓄銀行の資金を償還し、そこからこのお金はわれわれの母親年金貯蓄銀行に流れる。したがって、異邦人よ、汝は、ここではそれが慈善にかかわる問題ではないことを見てとることになる。

人口密度とともに地代は上昇することを、経験は示している。これは、稠密な人口は産業と農業における効率的な経営を可能にし、同時に、労働の産物を増やし、時には十倍にする、ということに起因している。この利益は、上昇した地代の支払いのための財源を提供する。したがって、われわれは、世界中から人間を引き寄せることによって、経営の合理化のために必要な人口密度を生み出すよう努めるが、それはこの方法によって、より多くの地代とそれによって上昇した母親年金を可能にするためである。力強い、今日のわれわれにはまだ空想であるように思われる、地代と人口密度の上昇のための計画が、提出されている。――そのすべては、われわれの母親年金を増やしたいという願望によって、決定されている。

思い切って使うことを、ためらうな！　汝が直接お金を出したときのように、あらゆる公共設備を利用せよ。

B　しかし、この率直さは、われわれの国の偽善とくらべて、なんと心地よい印象を残して去っていくことでしょう。そしてこの女性たちは、真実を隠蔽することにもはや誰も関心をもっていない当地で、いかにすばやく地代問題の核心に到達したことでしょう。「学者」は、地代の本質を国民の目から覆い隠す際に、いかに創意に富んだ詭弁的な学説を樹立したことでしょう。あのような機会ほど、欺かれた経験は他にはありません。あなたは、いわゆる保護関税にかんする争いを覚えていますか。あれは、どれほど恥知らずなごまかしだったことでしょう。

Ａ　このパンフレットは私に、わが国の政治闘争の本質にたいして、いかに深い洞察の目を開かせてくれたことでしょう。もちろん、私は、ここでも政治闘争なしではすまないだろうことは、分かっています。ですから、たとえばここで、イスラム教徒の来住者を首都に引き入れるために、二百万以上の建築費用見積もりで巨大なモスクを建てる計画が議論されていることは、分かっています。この計画も、母親連盟から出ています。私には、たとえばわれわれに貼り紙で打ち殺されたポイに主の祈りを捧げるように促した、したがって信心深いカトリックである、道の主が、宗教的理由からこの計画に反対票を投じるように妻を説得しようと努めるだろうと、想像できます。それでも、母親連盟においては、このような諸計画が多数決によってのみ実行に移されるでしょう。しかし、二百万のモスクからそれに応じた母親年金の上昇への道は、多くの女性にとって、かなり暗いものになるかもしれません。

Ｂ　このような闘争は、自明のことながら、ここには一切存在しませんが、人生が終生続く闘争であることもまた良いことです。しかし私には、少なくとも誰も、このような諸計画の金銭的な効果の隠蔽に関心をもつことがあり得ないという、ここでの状況は、格別で喜ばしいことのように思われます。例外なくすべての者が、母親年金の引き上げ、地代問題における関連の明確化に関心をもっているから、そうなるのです。それは、ここの母親連盟において、たしかに学問的、客観的にのみ議論されています。そして、それが、その際の政治的な争いごとの刺を抜くのです。もしずっと以前から母親連盟のパンフレットのなかにあるのと同じ、開かれた、誠実な言葉が、われわれの国のいたるところで語られていたなら、われわれは今日どんな場所にいたか、考えてみたことはありますか。真実の隠蔽に経済的に関心をもつことは、あらゆる戦争、疫病の千倍も、人間を害します。ここに敵がいるのです。しかし、このモスク計画には、私も関心があります。しかしながら、もしキリスト教徒が多数を占めている国の母親連盟が、仕事の土台からモスク建設の計画を差し替えるなら、その女性たちがこのような理想に到達することができるなどということは、そもそもとんでもない話になります。この女性たちは、なんと広い心をもって、この宗教的障害を乗り越えなければならなかったことでしょう。サンチョ・パンサが次のように言うとき、彼はいかに正しいかが、再び明らかになります。人間はより高い配当があれば、成長する。たとえそれが、母親年金の形で姿を現わそうとも。

A　われわれは、どうやら目的地に着いたようです。二百キロを超える速度でした。すばらしい！道路が完璧な状態であってはじめて、可能なことです。無支配のためのすばらしい宣伝になります。

バスの運転手さん、われわれはお金をどこで両替できるのかね。

バスの運転手　われわれは車庫に行く途中で、証券取引所のそばを通ります。そこなら、あなたは一番損をしないで両替できるでしょう。われわれのお金を引き出して渡したり管埋したりする、母親年金貯蓄銀行はそこに事務所があって、そこであなたはお金を取引所相場に合わせて上乗せなしで交換することができます。母親連盟通貨、ムーヴァ Muwa の宣伝部長である、所長のマッケンナは、あなたたちのこともいちいち親切に案内してくれるでしょう。われわれは、今日の統一的な通貨制度、母親年金貯蓄銀行の通貨について、彼に感謝しなければなりません。それは、他のすべての通貨、外国の通貨の種別も撃退してしまいました。あらゆる価格はムーヴァで算出され、あらゆる支払契約はムーヴァで締結されます。なぜなら、経験が、世界中のあらゆる通貨の種別のうちで、これは最もよく管理され、したがって最もよく続いていくことを、示しているからです。あなたはきっとすでにお聞き及びでしょうが、われわれのムーヴァはすでに、アメリカとニュージーランドで定着しています。金本位制の揺らぎによって危惧される損失から身を守るために、アメリカの投資家は、すでに多方面にわたってムーヴァでの支払契約の締結を要求しています。彼らは、理論的にも立法的にも基礎づけられておらず、可能な限り大きく、しかもしばしば生じる、株式の差益に興味をもっている一味の者たちによって管理されている、ドルよりも、われわれのムーヴァを安全なものと見做しています。われわれのムーヴァが他の通貨との競争のなかで今日すでに手にした成果、すなわち、ここで獲得された理論的認識とすでになされた実践的経験の基盤の上に立って、世界通貨の創造のために**大陸間通貨会議**を招集することを、マッケンナは指示しました。

Ａ　尋常ではない！　私には、このような発展は得心がいきかねることを、告白しなければなりません。行政権もなく、政府も権威もなく、議会もない、ここの解体された国家では、**再び自衛権が導入され**、女性たちによって管理された私的な通貨が流通しているわけですが、その国家が世界の信用を手に入れ、私が聞いているところでは、通貨は完全に無担保で、そこに刻まれている文字は、なんと支払約束を含んでおらず、簡潔な言葉で終わっているというのです。すなわち「百ムーヴァ」、こんな通貨、こんな紙切れが、自由競争において、一五〇％の保証のついたドルを打ち負かすのです。私には、これは簡単には理解できません。こんな不条理に出会うと、私の理論的な心はずたずたに引き裂かれます。

Ｂ　私には、なぜムーヴァがドルと競争して勝利を収めることができないのか、分かりません。それに反して、通貨制度にとって国家が何を意味するかは、私はわれわれの国で、全ヨーロッパで、痛いほど体験しています。通貨の管理は、官僚の手中に収められていました。国家官僚、腐敗した、無能な国家官僚は、職にしがみつくことしか考えず、旗色のいい方になびき、自分たちが実際にやったことについての学問的な明晰さを得ようという欲求をこれまで感じたこともなく、何十年にもわたって引き継がれてきた仕事を心ここにあらずでこなしていました。それが国家だったのです。そして、保証ですか。われわれは、われわれのお金が規則通りに保証され、何もこの保証の役には立たなかったことを、知っています。担保を溜めこみ、それに応じて紙幣を焼却することによって、われわれの国がお金を完全になくしてしまうべきではないならば、お金が造られると同時に、保証は停止されなければならなかったのです。保証されたお金ではなく、まさに保証されていないお金が、戦争の間じゅう、貨幣の流通を維持していたのです。(このような事柄の理解のために、次のことを知らなければならない。請戻しのために提示された各々の紙幣にたいして三分の一を保証する制度下の発券銀行は、信用制限によって同じ金額の三枚の紙幣を回収しなければならない)もしわれわれが銀行券の代わりに硬貨、金貨しか流通させていなかったなら、当時何が起こっていたでしょう。その際には、貨幣流通は金を溜め込む者たちによって完全に麻痺させられていなかったでしょうか。そうなると、保証は単に過剰なだけでなく、有害なものになります。保証! 私がいま目の当たりにしている貨幣の保証は、金以上のものに存しなければなりません。貨幣は人間が造ったものであり、それゆえ、保証は人間をもとにしたものでなければなりません。この紙幣に、中国人のリー・シャン・フーの署名がありますね。この中国人は、その揺るぎない忠節で、出納管理者として世界的に有名です。ムーヴァの女性たちが自らのお金の管理を委ねる人物の重要性が増せば増すほど、金による効力を失った保証を、彼女たちはまったく重視しなくなりました。このリー・シャン・フーの真ん丸の頭には、背信や低次の志操を入れる余地はなく、私ならこの人物の飾らない顔つきに、ドルの一五〇%保証よりも常に信を置くでしょう。貨幣は人間の鏡像です。人間と貨幣は似ています。出納管理者としてのリー・シャン・フーと主導的な理論家であるマッケンナ、それだけで私には十分です。私は、われわれの旅券をムーヴァと交換することを、少しも躊躇しません。それはそうと、ここで通用している指数本位制もろとも、貨幣は全国民の直接的なコントロール下にあります。何らかの方法で貨幣にたいする盗みが行なわれるやいなや、それはすぐさま商品の価値に現われざるを得ず、世間じゅうが大騒ぎになるという、直接的な結果を招くでしょう。価格が上がれば叫ぶのは消費者ですし、価格が下がれば生産者が泣き叫びます。ですから、指数を強固に保持する以外には道はありません。そして、リー・シャン・フーとマッケンナの背後には母親連盟が控えており、彼女らが、インフレーションによって母親年金のために定められた借地料が水増しされたり、デフレーションによって借地料が押し下げられたりすることに、利害をもつことはあり得ません。ここに、指数本位制の防護のための壁のように、女性たち全員の利害が立ちはだかり、そこでこの利害が永遠に同じものであり続けるにちがいないならば、貨幣における永続性はここに定着します。ここでは、この永遠に続く人間利害にたいして、ドルに保証として仕える一山の金が、いかに取るに足らないものと思えてくることでしょう。金、それは金の発見という運や科学的な発見によって、今にも商業的に弱体化するかもしれない代物なのです！　**人間が貨幣を保証するのであって、人間がだめになれば、どんな物質的な保証も役には立ちません！**

Ａ　しかし、われわれはここで、自衛権の国、解体された国家にいることを、忘れないでください。では、どんな権威をもって、このマッケンナは大陸間通貨会議を招集することができたのですか。では、どんな国家がこのような単なる個人の招待を受けるのですか。誰が、たとえば、ムーヴァ紙幣を偽造から守るのですか。刑法もなく刑事裁判官もいない国、監獄も刑務所もない国は、世界じゅうの貨幣偽造者を引き寄せるにちがいありません。

バスの運転手　この最後の問題にかんしては、私が回答を与えることができます。むろん最初は、われわれも貨幣偽造に苦しまなければなりませんでした。ここには、九十万分の一、五十万分の一、二十五万分の一の純度の硬貨がありました。結果として、本物であれ偽物であれ、誰も硬貨を受けとろうとはしなくなりました。流通は常にますます銀行によって発行された紙幣（一覧払い手形）に集中しましたが、それは全くの偽物か完全な本物のどちらかで、本物かどうかは秤や試金石や酸によって確かめられる必要はありません。いずれにせよ、偽の紙幣には事欠きませんでした。しかし、その際に、マッケンナの運営のもとでムーヴァがそれぞれの偽物にたいして保証されると、ムーヴァ貯蓄銀行においてあらゆる偽の紙幣が本物と簡単に交換されるので、このような保証を欠いた外国の紙幣は、ムーヴァによって完全に駆逐されてしまいました。そして、マッケンナがそれからさらに、偽の紙幣を持参した者に**報奨金が出される**、たとえば、新手の偽物の最初の見本を貯蓄銀行にもってきた者なら誰でも、その場でその十倍の金額の紙幣が支払われる、という改革を導入すると貨幣偽造はまったくなくなってしまいました。

A　またまた、私には理解できません。偽造者が誰でも貯蓄銀行で十倍の金額の支払いを受け、しかもその国にはいっさい刑務所がないのだとすると、それはまさに貨幣偽造を唆すことになるにちがいありません。

B　たしかに、一見そう見えるでしょう。しかし私は、偽造紙幣を貯蓄銀行に持参する者は、確かな情報、偽造者が自分で紙幣を貯蓄銀行にもってくるのを確実に妨げるであろう情報をもたらすにちがいない、と推測しています。実際、偽造された紙幣を差し出す者が与える情報は、必ず偽造者の痕跡につながるにちがいありません。なぜなら、その人たちはそれぞれ一番になるために、偽造紙幣を貯蓄銀行にもってくるのを急ぐからです。というのも、一番の者だけが、当たり前のことですが、一〇〇〇％に上がった報奨金を受けとれるからです。われわれのところでは、各々が他人に害を被らせることを狙っているので、偽造紙幣は手から手へと渡っていきます。ですから、偽造紙幣はどこかで公的な銀行に留め置かれる前に、何カ月も流通します。そうすると、当然、大元を暴くことは不可能になります。ここではいまや逆に、公衆の利害を貨幣偽造者の発見に利用し始めたのです。貨幣偽造者がいまやさらに、自衛権、全国民の報復、とりわけ貨幣を自らにとって大切な事柄であると見做している女性たちのことを、考慮に入れなければならないとしたら、それは貨幣偽造者にとってとりわけ薄気味悪いことにちがいない、と想像されます。それにしても、ここでは、取り押さえられた貨幣偽造者の身に、どんなことが起こるのでしょうか。

バスの運転手　それにかんしては、**ムーヴァ**に刻印されている言葉が、あなたに回答を与えてくれます。私が読み上げてみます。国の母親たちによって発行され、管理されているこの貨幣は、公衆の防護に委ねられている。偽造者は、リンチ判事と関わりをもつことになる可能性を、考慮に入れておかなければならない。偽造者には、ムーヴァの事務所で、十の言語で「偽造者」という言葉が額と手に入れ墨される。その上、偽造者は、ここでそのために支払われた報奨金を加えて、偽造紙幣を本物の紙幣で買い戻さなければならない。それはそうと、ほらマッケンナ所長がやって来ました。私はこれで失礼します。

マッケンナ　おはようございます、皆さん、私はもうずいぶん前から、あなたと通貨政策について語り合いたいと思ってきました。私は『保証なき紙幣』という論文で、あなたのことを存じあげています。あなたはきっと、保証なき世界通貨の創設にとりくむことになっている、私の大陸間通貨・交換価値会議プロジェクトのことを聞き及んでいらっしゃることと思います。あなたは、私がこのような通貨の広範囲に及ぶ影響について、声望のある専門家と語り合いたいという欲求を抱いていることを、理解なさるでしょう。あなたは、ミッドランド銀行がわれわれの**ムーヴァ貨幣**で担保証券を発行する決定を行なったことを耳にしていらっしゃることでしょう。そうなったのは、イギリスの公衆が、目下のところ資本家に石炭ストライキや中国政策で過度の負担をかけているように思われる、公式のイギリス・ポンド政策よりも、われわれの私的な通貨政策に信頼を寄せているからです。南アフリカ連邦も、このところムーヴァ借款という考えを抱いています。というのも、資本家は今日、金にたいして大きな不信をもっているからです。もちろんあなたは、自動車によって可能となった、アジア、アフリカ、アラビア、オーストラリア、アメリカにおける荒れ地の迅速な開発が、いかに新たな、おそらくはより大規模な金の発掘を予期させるかを、ご存じだと思います。というのも、荒れ地では、鉱脈が芝地で覆われていないからです。もちろん、この事実は、いちいち政治や不慮の出来事に左右されない、長期の支払契約にとっての基盤にたいする、切実な欲求があることを暴き出しています。しかし、よりによって、われわれのところのような解体された国家の私的な機関によって発行された通貨が、このような取引の基盤として選ばれるというのは、私の目には魅力的なことと映ります。

B　おそらく、このような南アフリカ連邦とミッドランド銀行の決定は、非常に勇気があり、進歩的であることが明らかとなった、この国の女性たちにたいする共感の表われでしょう。おそらく、国家解体にとって有利な結果となるように、このような表明がなされたのでしょう。

マッケンナ　おそらくその両方でしょうし、それに加えて、真の通貨にたいする欲求でしょう。われわれがここで試みたこと、つまり国家の解体、母親年金、指数本位制、自由貨幣はすべて、もうその気配がありますが、遅かれ早かれ全世界で勝利をおさめるであろう要求です。つらいのは常に、最初の一歩だけです Ce n'est toujours que le premier pas, qui coüte. われわれはこの最初の論文を勇気をふりしぼって世に出しましたが、今ではある種の責任感に押しつぶされそうになっており、他の人と責任を分かち合いたいという願望をもっています。

B　分かります。今日ミッドランドや南アフリカが行なっていることは、明日にはアメリカ、オーストラリア、全世界で流行となりうるでしょう。財務大臣は皆、最終的にその予算をムーヴァ通貨に適合させる可能性があり、そうなると、金融界のすべてはリー・シャン・フーの署名にかかっていることになります。

マッケンナ　もっぱらリー・シャン・フーにかかっているとするならば！　そう、最強なのはますます実直な者だけになります。しかし、リー・シャン・フーは、われわれの事務所で行なわれた物価統計の結果にしたがって働いているのです。航海士の仕事が羅針盤に依存しているように、この統計の遂行にすべてはかかっているのです。リー・シャン・フーは航海士であり、他の者が羅針盤を提供するのです。したがって、責任は分有され、そのことによって当然のことながら、責任がさらに重いものになることはありません。そして、ムーヴァが世界通貨になった暁には、職員を買収するために、インフレーションとデフレーションに関心をもっている株式市場仲間が、いかにわれわれの統計事務所を取り囲むか、が想像できます。われらがモンゴル人には賄賂がきかないことを、私は保証します。それゆえ私は、われわれの統計事務所を、コントロール、世界のコントロール下に置きたいと思っています。この目的のために、大陸間会議とこの会議に出された提案は、尽力すべきです。私の提案は、あらゆる国家に通貨政策にかんする均一な基盤を提供する、あらゆる国家のコントロール下にある世界指数事務所を創設することを、目指しています。

B　私はあなたの言っていることを、正確には理解できていません。あなたが一方では、あなたの企図の偉大さに圧倒されて、責任を独力で担おうとはせず、他方では、この責任を再び中央政府、つまり、その働きかけが経済を破局から破局へと導いてきた政府によって作られた所轄部局と分かち合おうとすることには、矛盾はないのですか。教えてください。この政府への新たな働きかけは、通貨にかんする危険を減じるのですか、それとも増大させるのですか。危険性が増大するとして、それでいったいどうやってあなたの責任感の緩和を期待できるのですか。責任を、あなたは他者と分かち合いたいと思っています。よろしい！　では、ここで責任を分有することによって、責任感はより大きくなり、力を増すとでもいうのでしょうか。一人の人間は二人よりも、それどころか百人よりも常に優っており、さらには千人とも較べられません。上院議員は善良な人たちであり、上院は悪い獣である Senatores, boni viri, Senatus autem mala bestia.

「一人一人は、あなたが看取しているように、まずまず賢く理解力もあります。それが寄り集まると、あなたにとって一様に愚か者に変わります。あなたたちは全体に敬意を払いますが、私は個々人しか尊敬できません。つまり、私は常に、個々人のなかに全体を見るのです」

A　そして私は、あなたがこの点で、シラーと意見を同じくするようになる、と信じています。賢さは、そこからそれが生じるはずの人間の数で割らなければなりません。愚かさは、それに反して、人間の数を掛けなければなりません。だから、サンチョ・パンサは言うのです。もしハーフェンシュタインが彼の幹部連に取り巻かれていたのなら、私は、彼が狂気に耐えていたのだろう、と信じます。そうだとすると、なぜ責任を分担したいのですか。アトラスは、たった一人で物質界を支えなかったですか。なぜあなたが、**金融界**をあなたの肩に担えないはずがあるのですか。それに加えて、いつあなたはリー・シャン・フーのような非常に優れた人物が脇役に見え、その上、そこに全国民が即座に最も価値の低い、脇道に逸れたものを見てとる、指数本位制のような、当たり前の見え透いた事柄が重要なものになったのですか。あなたの通貨は、実証済みのものです。それは、もうすでに、かなりの年月存続しています。それは、広範な信頼を獲得し、世界を征服するところまでいっています。たとえば、ミッドランドとニュージーランドの後を、他の国々が追うでしょう。

そして、民衆のうちで、もう起こっているように、あなたの通貨は威信を獲得するに到ります。たとえば、あなたは未体験の者たちに感銘を与えるための宣伝から、この世界で最も有名な人間たちからなる監査役を生み出しています。あなたがこのような監査役として、教皇、コペルニクス、ニュートン、ジョルダーノ・ブルーノを獲得できるなら、あなたはそれとともに、あらゆる世界の資本家が自らの金融取引のためにムーヴァを優先させることを当てにできます。しかし、ムーヴァがいったん私的に定着すると、中央政府はすぐさま後を追い、ムーヴァをその国の合法的な支払手段であると宣言するでしょう。国家の官吏が誰か権威を引き合いに出すやいなや、政府は参加してきます。官吏は、どんな責任も担おうとはしません。そして、あなたが監査役のかたちで権威をつくり出すならば、あなたは官吏からこの責任をとり除いてやることになります。それまでは、官吏がその保護のもとに逃げ込んでいたのは、金本位制の理論でした。この理論自体が保護を受けられなくなって以来、官吏は新たな権威、新たな守護天使を探し求めています。ですから、状況はあなたの計画にとってきわめて好都合なものになっているのです。それゆえ、

勇気をもって踏み出すのをためらうな、
多くの者が躊躇してさまよっていても、
理解し、すばやく把握する高貴な人は、
すべてを成し遂げることができる。

私は毎年、解体された国家における通貨の問題にとり組んできて、国家の解体こそまさに通貨の保護の前提である、という結論に達しました。あなたが助けを求めようとしている中央政府のもとではなく、ここのあなたのもとで、永続的な通貨のための前提条件は満たされるのです。それゆえ、ゲーテの威勢のよい促しに従い、やってのけなさい！　マッケンナ、あなたが世界通貨、世界貨幣を作り上げなさい！　あなたは、国際交換価値連合の提案を知っているでしょう。かつて提案されたのは、最も筋の通ったものです。この提案を、あなたの計画の土台として用いなさい。あなたが監査役を集めた後で、諸国家に、「管理費」の名目で年一％の手数料をとる代わりに、その国内の貨幣流通高の二〇％まで世界貨幣を無料で提供する、という提案をしなさい。この一％は、貨幣偽造にたいする保証が含まれた、管理費を差し引いた後、ヨーロッパだけで端数を切り捨てて年に千五百万ドルと見積もられる額――あなたが純粋な事業者利得と見做すことのできる純益――を提供するでしょう。全世界に当てはめると、それはほぼ年に七千万ドルになるでしょう。それはなんといっても、かなりの事業です。現在、各国は外貨建て債（金）のために年に五から一〇％の利子を支払っていますが、目標には達していません。したがって、ここには、「多くの者が躊躇してさまよっていても、勇気をもって踏み出すのをためらわない者」の手に入るであろう、まだ掘り出されていない、途方もない財宝があるのです。やってのけなさい、マッケンナ。それから、一人の人間が大衆、民族、国民、人類にたいして何を意味するか、を世界に見せてやりなさい。あなたは、常に政治家の介入にたいして差し出される死んだ金属の位置に、行為を、一人の人間を据えています。ハーフェンシュタインは、不断にその金、保証を指し示し、この幻が彼をインフレーション、金によって保証されたインフレーションという厄介な領域に連れ込みました。彼が**ルイ十四世**が「朕は国家なり！」と言ったように言えたとすれば、まさに、通貨、ドイツ帝国通貨、**それが私なのです！**　私はここに立っており、私は他の在り方はできず、指数は市場がもはやプフェニッヒを貨幣として受けいれることができないことを立証し、道は私の屍を越えてのみ紙幣印刷機へと続くということであるならば、彼は国民全体の後ろ盾を得ていただろうし、ペテン師は紙幣を通貨として流通させることに成功しなかったでしょう。銀行券発行銀行の頭取と一体であると感じて、国民は政府通貨をきっぱり拒否したでしょう。そのようにして、国民はインフレーションから身を守ったでしょう。それゆえ、私はあなたにも、こうした事情、貨幣の動的な性格、貨幣を保護する人物の人格への完全な依存性を、国民にはっきりと分からせるために、あなたが「これは百ムーヴァである」というムーヴァの注意書きに、「**私自身において価値を有する、リー・シャン・フー**」という一文を付け加えるよう忠告したいと思います。商人が手形の文面の見事な自己評価において、よくやるようにです。このような注意書きに、次のようなイギリスの銀行券のほぼそれに当たるものを、対比してみなさい。「一ポンド——流通紙幣はあらゆる支払のための法定貨幣である。大蔵省の長官によって発行され、第四回、第五回議会の決議、ジョージ五世、チャールズ十四世」、閣下、陛下、財務責任者、議会、および議会の背後に控える選挙、国民「の権威に基づくものである」

"One Pound——Currency Notes are legal tender for the Payment of any amount. Issued by the Lords commissioners of his Majesty Treasury under the Authority of act of parlament Ⅳ. and Ⅴ. Geo. Ⅴ. Ch. XIV."下は平民にいたるまで、責任を押しつける過程が完結します。結果も、それに相応したものになりました。世界帝国、途方もない金銀財宝、アフリカの金採掘区域、巨大な海軍、商船隊、世界の富が、王、財務責任者、議会、国民を保護しました。しかし、これらはすべて「イギリス・ポンド」を保護しませんでした。そこには、一人の自己責任を負った人間の署名が欠けていました。イギリス通貨は、破局を迎えました。なぜなら、国民、海軍、世界帝国、一群のくだらぬものが、一人の人間の代わりに、紙幣を保護したからです。すべての者が残らず通貨問題への国家の介入に反対し、すべての者があなたの通貨に賛成しているのを、見てみなさい。あなたがあなた自身の企図に忠実であるなら、世界もあなたに忠実であるでしょう。資本家は、一連の現象のなかに憩いの場所を追い求めます。あなたがこの場所になりなさい。ムーヴァが世界通貨になるのです！「そう言いましょう。そしてそう主張しましょう。自らの考えを固く守る者は、世界を生み出すのです」

マッケンナ　あなたの言葉は、私をどんなにか幸せにすることでしょう！　あなたは、私が何度も何度も自分にむかって言ってきたことを、確認してくれました。国家通貨は幽霊、妖怪ですし、そうであり続けます。私は始終、この言葉を最も深い信念から繰り返し口にしています。私は常々、世界貨幣は私的貨幣かユートピアのいずれかである、と言っています。このような小心にもかかわらず、決論を下すことが問題であるならばです。それは私には、誰かが絶えず私に「今の自分を自惚れから測るなら、それはなんと取るに足りないものだろう」という、ブッシュの言葉を読んで聞かせてくれるようなものです。それとも、もし私が私の行動をとおして、**世界で私だけが金融のアトラスに必要な資質を備えている**という意見を喚起するならば、そこにはいかなる自惚れも存在しないのでしょうか。

B　あなたを襲う無力感は、結局のところ、あなたがその問題を事業の問題というよりは個人的な栄誉の問題と見做していることから、やってくるにすぎません。その観点を棄てなさい。そして、ここではもっぱら事業のこと、年に七千万ドルの収益のことだけを見ていればいいのです。その他のことは、自ずから生じます。毎年七千万ドルがあなたの机の上に並べられれば、あなたは早くも、あなたの自信がいかに膨らんでいくか、あなたが着手したことが自分でもいかに抜きんでた才能の所産と思われてくるか、が分かるでしょう。そうなれば、あなたは、幼子イエスにとってのクリストフォルスのように、金融界をあなたの肩に担っていくでしょう。とはいえ、絶対にそうなるしかないならば、あなたは社会をあなたの前に横たわっているエルドラドの活用に向けて構築していくことになります。世界の大銀行の重役連を訪ねて、彼らに、宝は年額七千万ドルのなかから掘り出すことができるのであり、そのためには、これらの方々の評価以外は何も要らない、ということを示しなさい。その他にはプフェニヒの資本などはありませんし、絶対にリスクはありません。この問題にたいして主として私に関心を抱かせたのは、無支配思想であり、私はここですでに、このような世界銀行家連合 The World's Bankers Association の設立のための趣意書の草案を仕上げてしまいました。その主な内容を読み上げてみてもよろしいでしょうか。

広範にわたるあらゆる通商および金融業務のために、また永続性を有する同様のもののためにも、確固とした不動の基盤を創りだし、債権者とともに債務者のこともそれによって被害から保護するところの、以下に言及する銀行家連合の統制下にあり、国家の恣意を免れた世界貨幣の創設、すなわち、指数本位制の原理にしたがって管理され、国家権力がそれを乱用しようとするやいなや、自動的にそのサービスが拒否される貨幣の創設。

世界銀行家連合は、その国の通貨を指数本位制の原理にしたがって管理し、世界貨幣に合法的な支払手段の性格を付与する、世界のあらゆる国家に、年に一パーセントの賃貸料、さもなければ、一回かぎり国家の通貨保有量の二〇パーセントまで無償で、世界貨幣を提供する。あらゆる管理費、とりわけ偽造にたいする補償費、紙幣の印刷、刷り直し、十分な数の通貨両替所の維持費は、世界銀行家連合WBAが負担する。通貨両替所では、世界貨幣は（貯蔵が足りているかぎりは）不動のレートで、国内貨幣の種類が額面上互いに異なっている以上、その国の貨幣に相当する紙幣（世界貨幣）と交換される。［したがって、世界貨幣は、イギリスではポンド、ドイツではマルク、フランスではフランという名前で発行されるだろうが、外見的にすぐ世界貨幣と見分けがつくようにされるだろう。通貨両替所では、これらの異なった紙幣は、互いに無料で、不動のレートで（ラテン通貨同盟の五フラン硬貨のように）、交換されるだろう」。世界貨幣は、たしかに外見上すぐさま国内貨幣と見分けがつくが、それは国内貨幣の種類と額面平価で流通する。たとえば為替レートが額面平価を越えて上昇しているときや、旅行のために、外国で現金支払をしようとする者は、流通のなかで直接そのための証明の材料を見出す。その際に困難に逢着する者は、誤った国内通貨政策によって過剰な世界貨幣が限度を越えて流通させられている、という証拠をつかむ。その場合、国内の通貨管理は、通商に世界貨幣の利点を確保するために、何をなすべきかを悟るだろう。すなわち、通貨管理は紙幣印刷機のデフレーション的な操作によって、外に出ていった世界貨幣を再び呼び戻し、逆の場合には、インフレーション政策によって、起こりうる世界貨幣の過剰を押し返すだろう。

各人の力が及ぶかぎり、われわれの世界貨幣に道をあけることは、各人の直接的な利益になる。

世界銀行家連合

マッケンナ　ただしこれは、さらに広範にわたる計画です。私はただ、世界通貨、短期および長期の支払契約の基盤を提供したかっただけです。しかしあなたはさらに、世界通貨にたいして、貨幣、世界貨幣も提供したがっています。私の計画には、たとえまだ大ざっぱな形であれ、われわれが金本位制のなかで目のあたりにしている自動的なもの、金転送の可能性が提供する鞘取り売買自動装置のことは、抜け落ちていました。為替相場は、金本位制の諸国の間で、金本位制が保持されているかぎり、単に金輸送点の間で、揺れ動くことができるだけでした。金の、すなわちそれゆえ貨幣の輸出入は、さもなければわれわれがすべての国の一致した積極的通貨政策によって達成できていたであろうものを、自動的に創り出しました。世界のあらゆる支払契約にとって、ムーヴァーレートが決定的なものになっていたことでしょうが、個々の国家にとっての課題は、このレートを積極的通貨政策によってできるかぎり安定させることにとどまり、当然のことながら、どちらの側に相場変動の原因を求めるべきなのか、という永遠の問題が残ったことでしょう。われわれは、われわれの指数をそれらのものに対置しました。われわれとしては、それ以上のこと、それ以外のことは、できませんでした。たしかに、いたるところで通貨政策が指数本位制の原理にしたがって行なわれるなら、そしてさらには、いたるところで指数の調査に際して同じ方法がとられるなら、為替相場はごく小さな変動に耐えさえすればよく、それはとりわけ、このような通貨政策が、われわれのところのように、いたるところで自由貨幣制度によって支えられるならば、そうなのです。しかし、小さな、最小の変動でさえ意味があり、とりわけ世界貿易上の大きな取引においては、そうです。その際には、千分の一の単位まで計算され、それゆえ、千分の一ほどの為替相場の変動でも、利益を損失に覆しうるのです。世界通貨とともに世界貨幣が提唱されることで、この最小の為替相場変動も消え去るにちがいありません。ですから、私は大きな喜びをもって、あなたの提言を歓迎いたします。むろん私は、あなたの原稿の形式で、その提言を公表することはできません。あなたはあまりにも多くのことを、周知のこととして前提しています。あなたはきっと、私があなたの提言にしたがって相談をもちかける人々に、理解されないでしょう。銀行家たちは、他の職業人よりも、純粋な経験的知識を志向しています。通貨の領域では、昔から、何らの明晰性も獲得することなく、あまりにも理論が弄ばれてきたので、この集団においては学問的な通貨問題は解決不能なものと説明されています。私にその原稿を渡してください。私がそれを、銀行家たちにも理解しやすいような形に仕立て直しましょう。私は、私のさらなる歩みにかんして、あなたに常に最新の情報を提供しましょう。さあ、卸売業における無支配への洞察を得るためにも、お友達と一緒に証券取引所にお越しください。われわれの証券取引所の技量を見れば、あなたはロンドンやニューヨークの技量と較べても、ほとんど差異を感じないでしょう。証券取引所は、いうまでもなくすでに無支配主義者の機関になっています。これまでのところ、ここほど国家の介入が許されていないところは、どこにもありません。証券取引所は、国家のなかの独裁機関です。それは、独自の司法権と執行権を有しています。それがたとえ監獄をもっていなくとも、国家に訴えることなく秩序をきちんと保つためには、その強制手段でまったく十分なのです。証券取引所からの追放は、仲買人に打撃を与えうる、最大で最も嫌がられる罰です。もし仲買人がその振る舞い方によってメルクリウスの神殿の神聖を汚していると、証券取引所理事会が認めるなら、発動することになる自衛権が、ここではいまもなお、世界のあらゆる証券取引所の特権をかたちづくる、この無支配的な刑法、行刑の方へ向かっています。おやおや、自衛権の拳が罪人にブンブン振り下ろされています。さあ、来てください。あなたが証券取引のような重要な領域で国家が完全に不必要だと見抜くことができるなら、あなたの無支配的な魂にとっては快いことでしょう。あの叫び声が聞こえますか。あれはむしろ、ライオンの檻から聞こえてくる唸り声というべきでしょう。刺激的な知らせが届いているはずです。金本位制が、おそらくまたどこかで崩壊してしまうのでしょう。そこには当然、取り立てるべき、そして支払うべき不足額があります。ともかく聞いてください！　私は動物園に行く時間がないなら、証券取引所に行きます。しかし、今日はまた特別声高ですね。あそこを見てください、あそこで一人の仲買人が放り出されています。それに、なんとまあ酷い目にあわされていることか！　私は彼のことを知っています。彼はアメリカ連邦準備制度理事会 USA Federal Reserve Board、要するに全世界の金本位制を統制している（manipulated Goldstandard）人々のスパイと見做されています。

B　あの男は、大量に出血しています。われわれは包帯を巻いてやるために、彼を薬局に運ばなければならないんじゃないでしょうか。

マッケンナ　このごろつきを助けるのがあなたのお気に召すなら、私は喜んでお手伝いしましょう。ただし、われわれは彼にたいして顔を覆い隠さなければなりません。というのも、彼だと分かるなら、私は彼の生命を保証したくないからです。**連邦準備制度理事会**の上級管理者たちは、われわれのムーヴァ通貨を困難な立場に陥らせるために、できることは何でもやります。というのも、彼らはわれわれの試みのうちに、より高い見地に立った、それゆえ危険な競争相手を認めるからです。それはそうと、ほら救急車がやって来ましたので、われわれの救助は必要なくなりました。どうにか生命が助かっても、彼がわれわれの証券取引所に足を踏み入れることはもう二度とないでしょう。彼は、ウォール街‐管理者によって、リー・シャン・フーの人格もろともムーヴァの信用を落とすために、雇われていたのです。悪魔にしか思いつかないこの上なく忌まわしい噂を、彼らはわれらがモンゴル人の人格にかんして広めました。われわれの作業は、相場の駆け引きに鉾先を向けています。われわれは、われわれの通貨政策において、明確な、誰にでも理解できる、学問的な認識にしたがっています。連邦準備制度理事会の金本位制の管理者たちは、このような通貨政策が気に入らなくて仕方がありません。彼らは、そうです、差益、好景気、危機、つまりシーソーを欲するのであって、通貨は欲していません。あらゆる価値、レートは常に変動しているべきなのです。そうすれば、海上の鴎が水が波うっているときにのみ魚を捕まえられるように、彼らは魚を捕まえることができるのです。証券マンにとっては、本物の通貨は、あり得べき最も馬鹿げたものなのです。これまで、証券マンたちは、自らの駆け引きを常に市民の眼から覆い隠すことができました。なぜなら、通貨との差異をつきとめることができていたであろう、比較の対象となる点がまったくなかったからです。しかし、ムーヴァがこのような比較点に育ち始めて以来、上級管理者たちは、自らの駆け引きが見抜かれるのを恐れているのです。それゆえ、彼らは憎しみをわれわれに示しているのです。

B　私はあなたの説明に矛盾を見出しました。一方では、あなたは、相場師は一般的に、そしてこの国でも、差益を生み出すことを目指して努力し、アメリカの金本位制の上級管理者たちは、その通貨政策をこのような差益にのみ誘導する、と言っていますが、他方で、私はここで、酷い目にあわされた差益製造所のスパイが証券取引所の階段から投げ落とされたのを見ました。

マッケンナ　ああ、その矛盾なら簡単に解消することができます。この男はここで、連邦準備制度理事会の上級管理者から連邦準備制度理事会の将来の操作についての情報を与えられており、その結果、彼自身の取引をそれに合わせて調整することができていたことを、理解してください。彼にとっては、どんなリスクもあり得なかったのです。彼は、まったく確実に、定期的に、差益を手に入れていたのです。同様に確実かつ定期的に、連邦準備制度理事会と協調して取引していなかった他の相場師たちは、損をしました。この長期にわたって騙され続けた者たちをしてこの人間をこれほど酷い目にあわせる気にさせたのは、妬み、純粋な妬みでした。当然、相場師たちは、われわれの通貨政策にも好意的ではありません。彼らは、本当にわれわれを追い払いたがっています。しかし彼らは、**ムーヴァ**、母親年金通貨が、国のあらゆる女性の直接的利害に根をおろしているのは、誰に関わりがあることなのか、を知っています。われわれの指数本位制と、自由貨幣によって数学的定数となった貨幣の回転速度をもつことで、われわれは通貨の絶対的な主人となり、通貨はわれわれの措置に稲妻にたいする雷鳴のように反応するようになるのです。もし他の国に金本位制がないならば、相場師にとっては、ここでするべきことはもはやまったくないでしょう。あなたがムーヴァ通貨を導入すれば、それが通貨側から支えられているかぎり、投機は完全に止むでしょう。その際には、生産の中断や生産の増大によって引き起こされる物価変動に基づくような投機しか、もうあり得ないでしょう。

B　産業においては、ほぼもっぱらいい加減な通貨によって、生産の中断が生じます。というのも、産業それ自体は、中断においてと同様生産においても、最大限可能な規則性に関心をもっているからです。世界通貨があれば、収益しか中断の原因にはなり得ません。しかし、世界貿易の拡大とともに、収益は経験的にいっていっそうバランスがとれたものになります。世界貿易と指数本位制は、投機からそのよって立つ基盤を取り上げます。そうなれば、公衆はこのような不快な場面を見ずとも済むようになるでしょう。

A　われわれは、物産取引所を見学するには及ばないと思います。でも、私としては、船荷取引所は見学してみたいと思います。われわれは、領事館、海軍による保護、国家の船旗の必要性などのことを考えながらやって来たので、それらすべてなしでも済ませられると信じることは、われわれには実際上、難しいと言わざるを得ません。昔のハンザ同盟が諸都市以外のいかなる旗も掲げず、いかなる保護も受けていなかった、という指摘は、この疑いを晴らすには十分ではありません。というのも、結局のところ、ハンザ同盟諸都市は、対立する諸力と比べて十分強力な、自立した諸国家とは見做し得ないからです。われわれは、船会社の旗だけで足りるはずである、という証拠が欲しいと思っていますし、ここでその証拠が見つかることを望んでいます。

マッケンナ　世界貿易の歴史は、明らかに海上貿易の国有化に反対しています。すべてが海の民営化に賛成しています。すでに勢力あるもののせいで、海は実際上、国有化され得なくなっています。したがって、たとえば今日、封鎖は、効果的、すなわち実効的でなくなればすぐに、国際法的に許されなくなります。海は、この点で、空気と近縁関係にあります。空気の封鎖を、いったいどうやって実効的なものにするのでしょうか。海は、そこで泳ぐすべての者にとって、非国家的なものです。海上貿易が逢着する困難は、国旗によってはじめて作り出されたものなのです。海賊のことが言われます。しかし、いかなる国、いかなる国民も、海賊に保護を与えているという噂を立てられたいとは思っていません。諸国民が海上貿易にたいして有していた利害関係が、常に船乗りが船で訪れて大いに喜ばせた諸国民の直接的な保護を、船乗りにもたらしたのです。海賊は常に、自らの民族同胞から有害な人間とみなされており、自らの国に船のための港を一切見つけられなかったので、この産業分野は決してまともに発展することはできませんでした。もしそれが逆だったら、いかなる海軍もいままで彼らと支配権を争うことはできなかったでしょう。その交易を妨げられた諸国民の自衛権は、海賊と対立します。そしてわれわれが、われわれの海岸のどこかにこのような海賊が定着し、海の安全が脅かされたといったん認めるや、海上保険会社はこのようなリスクにたいして特別な保険料を請求し、この特別保険料の収入を即座に「海賊にたいしては一倍半の海賊 corsaire corsaire et demi」に投入することができたでしょう。このような海賊は、全世界の交易を敵に回します。それどころか、被害を被った者たちの自衛権だけで海の防護には十分ですし、われわれは海賊のためにいかなる国家も打ち建てる必要はありません。われわれの船はあらゆる海を航行し、誰もそれを恐れる必要がないので、いたるところで歓迎され、港湾事務所や税関でのさまざまな小さな優遇措置を知らされます。ひとはたしかに一般的にいって、われわれに恐怖を吹き込むものをすべて憎みますし、外国の国旗が、その背後に実際の力が潜んでいるときには恐怖と憎悪、背後に無力が隠れているときには哄笑以外の感情を引き起こしたことは、まだ一度もありません。われわれは一切領事館というものをもっていませんが、そのことからわれわれにとって不都合なことが生じたことは、まだ一度もありません。ハンザ同盟の時代におけるように、われわれの船主の旗だけで十分です。彼らは、ラス・パルマス、すなわちカナリア諸島の自由貿易港の状況を心得ています。そこでは、船はまったく管理されずに出入りできます。政治的、国家的警察力は、それをいっさい気にかけません。深夜には、毎日二時に船が入港し、荷下ろし、荷積みをし、また夜明けとともに出航します。わずかに船会社代理店が、その経過を確認するだけです。そうやって、われわれの港と同じように物事が進んでいきます。どっちみち今までいかなる商人にとっても有益ではなかった、輸出入にかんする統計は、まったく存在していません。誰も、船がどこから来てどこへ行くのか、尋ねることはありません。統計が告げることではなく、物価の動向で、商人は商品の輸入が多すぎたか少なすぎたかを知ります。まさに、他の諸国民の個々の領域や地方の間の交易と、同様です。あらゆる統計作業は、物価変動に要約できます。海運とともに浮上する衛生問題にかんしては、われわれは回答を自衛権に委ねます。船主は、汚染された港から来た船を軽はずみに扱うと、何を覚悟しなければならなくなるかを知っています。恐怖から船が燃やされてしまわないように、船長は船内で発生した疑わしい症例を自発的に届け出ます。もちろん、自衛権だけで伝染病がコントロールできるわけではありません。予防法がはるかに良い政策であることが分かってきます。そして、再び国の母親たちが、地代‐母親年金のために、この点にかんして人間にできる限りのことがなされるように、気を配っています。われわれの港は、このような利害政治の保護のもとで、真の世界的な港町へと発展しています。世界のどこにも、われわれの港町ほど高い土地の賃貸料が支払われるところはありません。港町において、さもなければいわゆる風紀警察に委ねられる、衛生的な関心を保つために、まったく私的な立場からなされたここでの試みもまた、非常に興味深いものです。若いころ船乗りの伝染病に罹って人生の幸福を台無しにし、今は船乗りたちを同様の運命から守るために、自分の資産をなげうっている、一人の年老いた商人がいます。港の近くの広大な土地に、彼は庭園を造りあげ、そこには船乗りたちが、徹底的な衛生的な検査を受けた後はじめて、立ち入りを許されることになっているのです。誰もお金をもっていく必要はありませんが、服は脱がなければなりません。それから彼らは入浴させられ、理髪師によってきれいにされてから、庭に案内されるのです。おのおの一週間、無料で王侯貴族のようにもてなされます。費用はすべて、件の商人がもちます。そして、ほったらかしにされていると感じていて、一度船乗りの逞しい腕のなかで何ごとかを体験してみたいと思っている、女性たちにはこと欠きません。彼らは遠くから詣でて、ここで卑しい下心に邪魔されることなく、苦悩もなく、気楽に、自らの快感に身をゆだねることができるのです。

A　そして、その商人のこのような「無私の」行為は、ここでは個性と利己主義の実現と呼ばれているのです！　そのことを理解すべきです！

B　まあ私には、このような行為のなかには、反対に、正当で本当の利己主義があるように思われます。この商人は明らかに、人間に幸福な時間をもたらし、自分を犠牲にして人を危険から守る、という考えに喜びを感じる性格です。そして、このような喜びを自らにもたらすことは、本当の利己主義ではないのでしょうか。実際、利己主義者は、常に自らの幸福、自らの喜びのみを追及するではないですか！　このような喜びがほとんどすべての場合に、他の人間の幸福の促進に結びつくということは、この商人の利己主義的衝動においても、まったく何一つ変っていません。

Ａ　そうかもしれません。私はどうやら、再三再四救いようもなく、若いころに教育によって身についてしまった、利己主義という言葉の限局された概念にはまり込んでいるようです。ところで、私はここで、私にとって興味深いものを目にしました。私はあなたに、マッケンナさん、新案特許のない国で発明家がどうやってやっていけるのか、尋ねたいと思っていました。ここに書いてあります。「繊維の分野における発明活動の促進のための繊維産業連盟の事務所」

マッケンナ　私はその設立者の一員であり、この連盟の法律顧問でもありまして、その根本理念が急速に世界を制圧する何かがここで生み出された、と信じています。われわれは、特許法がいかに発明家の利益を守れないか、を知っています。しかし、産業は発明活動を活気づけることに直接的な関心を抱いています。これは、ここでは今、工場主が今述べた事務所をとおして発明家にその発明の意義に応じた賞金を出す、というやり方で実行に移されています。発明はその後、思うがままに利用できるように、連盟のあらゆる構成員たちに分かち与えられます。同様にこのような事務所を設立した他の産業に発明家を回すために、発明活動をできるだけ自らの領域に向けるために、ある産業が他の産業よりも発明家に高額の賞金を出します。工場主が発明家にどれだけ利益をもたらすか、の競争です。特許庁も、弁理士も、特許訴訟も、困窮から服毒自殺する発明家も、存在しません。当然、個々の工場主によって、発明家事務所の経費を節減する試みもなされました。彼らは、事務所の非構成員であるために、最新の発明にかんする通知を受けられない、という不利な状況に陥りました。なおかつ、彼らの製品はブラックリストに載せられ、公衆は発明家の利益のために、発明家事務所の印が押されている商品しか買わないように促されました。そのようにして、難点は完全に克服されました。

B　信念、山をも動かす、ですな。そして私はすでに、もし本当に無支配の可能性を信ずるならば、あらゆる困難の克服のために必要な諸力が育つのを、目にしました。マッケンナさん、あなたはそれを、今再び特許庁の解体でもって、目の当たりにさせてくれました。そして私は、ここと同じように、間違いなく、国家解体のあらゆる困難を余すところなく解決するための策が見出せた、という揺るぎない確信を得ました。それはそうと、われわれはもう十分長いこと、あなたの仕事の邪魔をしてしまいました。それにわれわれは、婚姻法の解体によって生み出された状況についても知りたいと思っている、ということもあります。われわれは、フラオエンブルクの週末用の居住区を訪れることを、勧められています。それについてどう思われますか、マッケンナさん。

マッケンナ　あなたにできることが、最善のことです。一時間のドライブでそこに着きます。少しの幸運に恵まれれば、あなたはそのドライブを後悔するようなことにはならないでしょう。国家的強奪のいかなる領域においても、まさにここほど多くの幸運な人間は生み出していません。国家による性愛生活の「保護」に戻りたいと願う女性は、実際上ここにはもういません。そして、ここで解体によって将来の若者たちのために何が手に入れられたかを、あなたはフラオエンブルクの子供たちに触れれば、即座に確かめられるでしょう。まさに国家解体のうちで、この上なく強硬な異議申し立てがなされる部分が、実際は最小の困難しかもたらしません。女性たちがどうやってこれほど長く文句も言わずに国家の後見に耐えることができたのかは、今はまだ女性たちにもほとんど理解できていません。「自由恋愛」に他の何か、すなわち自由恋愛の対極をなすにちがいないものが対置され得たことは、女性にとっては不可解なことであるように思われます。では、皆さん、頑張ってください。おいとまいたします。

Ａ　では、バスの運転手さん、いざフラオエンブルクへ！

Ｂ　そう、それはたしかにここでよく話題に上る週末用の居住区の一つで、そこでは女性が子供とだけ暮らしており、都市の男性は週末だけ現われるのです。われわれは、婚姻法、戸籍簿、その他の結構なものの解体が有効であることがいかに実証されるかを、当地で体験するでしょう。あそこですでに、若い女性がわれわれを出迎えてくれています。なんて自由に、彼女は動き回っていることか！

若い女性　私はあなたたちが見知らぬ土地に来たのを見かけ、あなたたちが何を望んでいるのかが一見して分かりました。一緒に来てください！　私はちょうど、私の女友達を茶話会に招待しようとしているところでした。そこであなたたちは、知りたいことをすべて知ることができるでしょう。

B　すてきな子供たちだ。あれはみんなあなたのお子さんなんですか。

若い女性　あいにく私はまだ、子供をもつには到っていません。わたしはまだ、私の理想に適った男性を見つけておらず、見つからないかぎりは私はさらに探し続けますし、子供も欲しくありません。それに、私がそういう男性を見つけたとしても、その人が私のことを好むかどうかは、いったい誰に分かるというのでしょうか。

B　そうですね、あなたがこんな小さな谷に閉じこもっていると、あなたはこんな狭い選択範囲で、ひょっとすると高すぎる要求をいつまでも掲げ続けることになるかもしれませんよ。

若い女性　私も最近はじめて、私の選択範囲を拡げるために、世界旅行をしましたが、それでも私にとっては男性の個人的な特性しか重要ではないのですし、誰かに惚れ込むこともなく、帰宅しました。アジア、アフリカ、オーストラリアを見て回ったときは、不意に、私の選択範囲はなんて狭いんだろう、と思われたものです。今は、なんて広いんだろう、と急に思われてきました。女性の選択範囲は、地理的な概念ではありません。

A　われわれは、すでに結婚しています。

若い女性　ここでは誰も結婚していません。男も女もです。

A　それは、まだ女性を所有していない者たちにとっては、とてもすばらしいことかもしれません。

若い女性　ここでは、女性を所有している者はいません。男性を所有している者もいません。

A　では、もっと上品で、あなたのセンスに合った言い方をしましょう。私はすでに、私の求めていたものを見つけました。そして、もう何も求めていません。

若い女性　ここで求めるとは、どういう意味なのでしょうか。そうはいってもまだ起こりうる偶然が、いまあなたの行く手に女性を配置し、その眺め、その存在があなたのなかに、あなたが本当に求めていたものをすでに見つけたのかどうか、という疑いを引き起こしたとしたら、どうですか。その時は、あなたは視線を地面に向けるのですか。

B そういう場合、望むらくは、家庭生活への配慮が決定的な影響を与えてくれればいいのですが。私なら、悲劇を避けます。

若い女性 あなたは、それにかんして、悲劇を避けることしかできません。なぜなら、あなたは私の質問の意図を汲み取ろうとしていないからです。私が実際に求めていたものが見つかるということならば、そのような悲劇を引き起こす性質のものだとしても、私はどのような性質のものであれ、いかなる種類の配慮も、働かせようとは思いません。一生は、自然の意図に従えば、悲劇の連鎖以外の何物でもありませんし、おそらくそういう定めなのでしょう。もっとも、少なからぬ者においては、それは喜劇の性格を帯びるかもしれませんが。私の四大陸すべてにおよぶ実りのない探索からして、すでに一つの悲劇です。しかもなんたる悲劇であることか！　この衝撃的な失望を、私はモロッコ、アビシニア、コンゴ、チベット、アラスカで身をもって体験したのです。

B あなたが求める人は、きっと戦争が殺してしまったのでしょう。私は三人の息子を失くし、唯一生き残った子は失明して帰ってきました。戦争、戦争、戦争！

若い女性　そう、戦争です！――皆さん、私がここで女友達と始めた話に突然あなたたちを引っ張りこんでしまったことを、お赦し下さい。しかし、心にあふれていることは言葉となって口に出るのです。紹介させていただいてもよろしいでしょうか。わたしたちの重農主義的な世界を研究しようとしている、すでによく知られた方と無名の旅行者のお二人です。ベルタさん、イダさん、ローザさんです。私自身は、リーゼと申します。お二人は、わたしたちの今日の、永遠に変わらない話題を、もうご存じです。しかし私は、お二人にとって、哲学するよりも事実を経験する方が大事である、と信じます。一人一人がその境遇について語っていただけませんか。

ベルタ　境遇について語るということなら、私には、七人の別々の男性となした私の七人の子供の話から始める資格があるでしょう。私はラントマン派の女性たちの一員であり、彼女らは習慣へと堕した性交を認めず、男によって色欲の対象として凌辱されるがままになっているつもりはありません。なぜなら、彼女らは人類の特性の向上の唯一の道をそこに見出しているからです。わたしたちの目的は、すなわち力、健康、精神、美であり、その他のものは皆、愛の喜びでさえも、それに従属するものなのです。したがって、私は一人の男性を探し求め、私が妊娠していると分かるまで、その人と生活し愛し合います。その時がくると、私はその人から完全に身を翻し、その人との性愛的な交わりを完全に断ち切ります。ついでながら、私の感覚にも合致するこのような行動を、ラントマンは「純粋な母性」と呼んでいます［ラントマンLandmann、医学博士、『純粋な母性Reine Mutterschaft』、第五版、ルードルシュタット（チューリンゲン）のグライフェン出版、二七五ページ、二一・二二五ライヒスマルク］。その際に彼は、私の理解では、「純粋」という表現を、「汚れている」もくしは「汚れていない」受胎という意味ではなく、単に純粋な本性として、原初的な生理的行為として、人間の太古の時代の生殖において理解されていたように、了解しようとしています。違う感じ方をする、もしくは私ほど盲目的に本能に従わない、私の女友達への配慮から、私はそれを「重農主義的母性」と呼んでいます。この表現の方が、物事の本質、本性をうまく捉えていますし、容易に道徳的な意味で誤解されることもあり得ません。私はできるだけ健康で完全な子孫を残したいですし、それに応じて私の子供たちの父親を選ぶので、私はすでに七人の夫をもちました。というのも、経験が私に目を開かせるにつれて、私の男性の質にたいする要求もより高く高くなっていったからです。それゆえ、こうした努力をするなかで、私は私のそれまでの夫にいつまでも束縛されることはできませんでした。いずれにせよ――私は信じていますし、私の女友達もあなたたちに疑いなく喜んで立証してくれるでしょうが、私は私の子供たちの父親にたいする高い要求をもつことで、すでに私の子孫の特性の向上において大きな前進を果たしたのです。むろん、私の資力が、私の女友達のリーゼが試みたように――もっとも実りはなかったですが――世界旅行によって私の男性選択範囲を世界にまで拡げることを許していたら、もしかすると結果はもっとずっと良いものになっていたかもしれません。私は、狭い範囲で見つけることのできたもので我慢したのです。私は、リーゼよりも無遠慮な性質です。しかし私には、私の子供たちを他の子供たちと比べると、ここでラントマンがこのような重農主義的行為の成果として予言したものに、いくばくかでも足を踏み入れたように思われるのです。七人の父親の系統を引いているにもかかわらず、皆同じ調和的な性向で行動するのです。彼らは皆、適度に快活で、飾り気がなく、ませた感じもなく、勉強では我慢強くて、集中力があります。たしかに、私の母親としての目、私の願望が、そういうすべてを私の子供のなかに投影し、私の観察を喜んで確認してくれる隣人たちが、私を喜ばせようとしているだけなのかもしれません。こうした事柄についての真実は、もっぱら大人になって、世代が進んでから、集められた知見だけがもたらせるものです。

Ａ　ラントマンの著書のことは、存じあげません。その人の証明は、動物の生態から取り出されたものです。動物に見られるような完全な調和と、しばしば戯画化されるに至った人間の姿は、何か正常でないものを示しています。そんなことより、経済的な事柄について語りませんか。あなただって、経済が人間の生活にいかに決定的な影響を及ぼすか、ご存知でしょう。われわれはすでにここで、われわれがここで優勢となっている経済的措置に帰する、いかに多くの美しいものを観察することができたことでしょう。あなたの行為も、ベルタさん、われわれの国では、経済的な理由から、可能なものとはならないでしょう。あなたは、七人の男性とその都度完全に縁を切った、とおっしゃいましたね。もうそうなら、この七人の男性はそのことを了承し、その後、子供たちの面倒を見ていないのですか。そうだとしても、父性愛のようなものはあるでしょう。それにあなたは、母親年金の範囲でやりくりしているのですか、それともまだ他に収入でもあるのですか。

ベルタ　私は男たちと、性愛的な関係を断ち切っただけです。私が破局、殺害を回避しようと思うなら、そうするほかはなかったのです。私は、全員に均等に、拒絶的な態度をとらなければなりません。そうすれば、うまくいきます。彼らは皆、子供たちを愛していますし、なかには熱愛している人もいます。彼らは子供たちに贈り物、本、洋服をもってきて、教師の報酬も支払ってくれます。全員にまとめてそれを行なう人もいれば、二、三の子供にだけ関心をもっている人もいます。私の収入を、私は子供たちと営むささやかな産業で、増やしています。籠細工です。それから、私はここに耕地をもっていて、私の七人の子供たちの七人の父親たちが仕事が終わった後それを耕し、その際嫉妬に駆られて、それは賛嘆に値する出来ばえとなるのです。私は、私の七人の子供と七人の男性と一緒に、毎年の展示会に園芸作物を常に最良の価格で出品します。私は経済的にも困っていませんし、常に私の行為を、いかなる点から見ても模範的なものと感じています。

B　あなたはきっと人口統計学上の問題に関わることになるでしょう。もしあらゆる女性が七人の子供とともに繰り出すならば、それはそのとき否応なく、不気味な頂点を示すでしょう。このような多産によって全国土を人間で三メートルの高さになるまで覆い尽くすためには、何世代あれば足りるでしょうか。その上、母親連盟の宣伝用パンフレットは、さらに来住を促進しようと努めています。

イダ　人口過剰問題は、わたしたちの仲間うちでもいつも話題になっています。むろんわたしたちは、人口を、労働の合理化がそれを利用できる程度まで、増やそうと努力しています。なぜなら、それによって地代が、そして遡及的に母親年金が、それによって引き上げられるからです。このような発展がどこかで限界に達するのは、わたしたちにも明らかなことです。たしかに、さしあたりまだ、この限界は遠くにあり、わたしたちは全般的な移住の自由を勝ちとるために、この幸運な状況を利用していますが、それは、わたしたちのところで観察された良い影響が、すべての国の国民に限界をとり払う気にさせ、その結果、わたしたちの要求が地球全体において一部でも実現するという希望をもっているからです。外への移住が人口過剰問題を解決できないことは、わたしたちも知っています。というのも、人口過剰が世界的な現象となったら、わたしたちはさらにいったいどこへ移住したらよいというのでしょうか。しかし、わたしたちはこの小さな集まりで、一つの解決策、優生学的な解決策を見出した、と信じています。マルサス主義的な避妊制度と、それに基づいて発展した子供を一人か二人に制限する制度は、結果として、数学的必然性をもって、退化、滅亡にいきつくことになります。なぜならそこでは、種の保存の最も重要な要因、淘汰が、淘汰の素材の不足のせいで排除されているからです。わたしたちはいまや、将来の女性たちは常に選り好みをし、今日のようにあちこちで行き当たりばったりで魂を売り渡したりせず、世界中を対象とする探索で時間を、非常に多くの時間を費やすことになる、と信じるようになっています。彼女たちが高い要求を掲げれば掲げるほど、より多くの時間を費やすことになり、時間の喪失は、この場合、出産の制限を意味することになります。そこにいるリーゼさんを見てください。彼女はまもなく三十歳になりますが、依然として求めるものを見つけていません。ひょっとすると、彼女は幻を追いかけているのかもしれません。しかし、幻によって彼女が身籠もることはないでしょう。でも、彼女がまだ幸運に恵まれ、彼女の高すぎる要求が満たされる日が来るのだとしたら、たしかにわたしたちは、彼女に特別な種類の子供、しかもベルタさんがもはやもたないような子供を期待できます。しかし、わたしたちはすでに、リーゼさんの行動が模倣され、それがわたしたちの重農主義的な女性の社会においてエチケットとなり、わたしたちの子供の父親たちの肉体的および精神的な質への要求を、このような事柄にかんするわたしたちの眼差しが鋭くなり拡がるにつれて、ますます高く押し上げるようになるのを、観察できます。子供たちの質が女性の道徳のための基準となる、という言い方が、すでに決まり文句にさえなっています。このような行動が一般的な慣習になるならば、それでもなお人口過剰の不安がわたしたちの夢の邪魔をしうると信じられますか。わたしたちは優生学をとおして、モレク、修道院、マルサス、戦争にうち勝つことになるでしょう。それはあなたたちを驚かせるような発展であり、私にはその驚きが理解できます。しかし常に、母親年金は質の悪い子を産み育てるのを助長するだろう、つまり、多くの女性は、他の女性が乳母代を当てにするのと同様に、母親年金を当てにするだろうし、その際には、むろん非常に低い動機で受けとるにちがいないので、このような女性は誰でもいいから男性に妊娠させられるがままになり、質の悪い子を産むことになるだろう、と主張することで、母親年金を撲滅しようという努力がなされていました。実態はまったく異なります。母親年金はたしかに、女性を困窮から守るためには、十分なものです。しかし、それ以上のものではありません。それは、一人の女性が産業で稼ぐ労賃には届きません。彼女たちは、このような労働収益の国では、賃金が高いことを知っています。ですから、このような計算高い、なにかにつけて当てにするような女性たちは皆、むしろ新しい改良された避妊薬を用意し、いざとなれば堕胎によって難を逃れようとします。したがって、このような連中はいよいよもって子供を産まないままとなり、優生学者に活動の余地を残します。ベルタさんには七人の子供がおり、ローザさんは五人、私は四人です。でも、わたしたちはまだ産むのを止めようとは思っていませんし、リーゼさんはまだちゃんと参加してさえいません。これは四人の女性にとってはいくぶん多いですが、その代わり、すぐ近所に不妊を隠している二十人以上の女性たちがいて、彼女たちが多産の平均値を引き下げています。そうです、人口過剰問題は解決され、わたしたちは永遠にモレクから救済されたのです。

B　十分な数の女性がずっと優生学と人類の保全に関心を抱き続けるということに、強い疑念が残らなければ、私はこのような解決に手放しで感激するでしょう。この集まりには、あなたたち四人の女性しかおらず、あなたは近所に、他に不妊症、一人で死んでいくことを隠している、二十人の女性がいると言っていますね。しかし、それは懸念すべきことのように思われます。むろん、このように死んでいくことによって、来るべき世代は、強くて、人生を肯定する母親の系統を引きしたがってその特性を受け継ぐ人間からのみ成ることになるでしょうが、もしリーゼさんが語った優生学的な抑制が相殺的に働かなければ、そのことによって右記の四人の二十人にたいする関係が、再び正反対に変わり、それによって再び人口過剰問題が復活を祝うことになるでしょう。しかし、それがさしあたりどこに辿り着こうとも、この集まりが歩む道は、確実に上方に続いています。選択の規律と、世界への選択範囲の拡大です。それは人間の改良につながるにちがいありませんし、そうであるなら、私は、このような改良から結果として生まれてくる人間は、彼らに示された問題に、きっとその本性に相応しい解決法を与えるだろうし、われわれはそのことについてもう一切心配する必要はない、と信じます。それゆえ、私はリーゼさんに、その高い要求をこれっぽっちも引き下げず、念頭に浮かんでいるものを見つけるまで、さらに探し続けることを、お勧めします。

A　もう遅くなりました。われわれはホテルを探さなければなりません。

ローザ　なぜ遠くまで行くのですか。夜はベルタさんのところに泊まってください。母親年金は、ベルタさんがお客さんを泊まらせることができないほど、かつかつではありません。ここでは各家庭に客間があり、まったく知り合いのいない人しかホテルには泊まりません。でも、あなたたちはもうわたしたちとよく知り合っています。それにリーゼ、あなたは他の愛するお客さんをあなたのところに泊めたいわけではないですよね。

リーゼ　はい、なぜ遠くまで行くのですか。良い人がこんなに近くにいるなら、幸運をつかむ術さえ学べば……

B　あなたはよく考えて、結論を出しているのでしょうか。

リーゼ　いつも「そこに」あるものは、僥倖の対象にはなりえません。今日私は、十年来求めてきた幸運に巡り合い、その前髪を掴むつもりでいます。

イダ　わたしたちは、ますます恋のとりもちクラブになってきています。

ローザ　研ぎ澄まされた眼差しと拡張された視野をもって優生学を押し進めようとしている女性にとって、恋のとりもちよりも結構なものがあるでしょうか。優生学は恋のとりもち、重農主義的な恋のとりもち以外の何物でもありません。

イダ　今回は、恋をとりもつような力添えはまったく必要なかった、と思います。リーゼさんはたしかにもう、どうしようもなく彼に惚れ込んでしまっており、彼も彼女に惚れ込んでいます。彼女が五大陸への世界旅行の第一歩を踏み出したときから求めていた、まさにそのものを、彼女は故郷で見出したのです。

結語

国家の解体はユートピアではない

私はこれまで触れたあらゆる物事に、もうかなり長いことこだわってきた。しかし、私はこれらの物事を、社会秩序の存続にとって、他の物事よりずっと意義深いものと見做している。誰もが一様に、私が今、国家解体の純粋な技術的課題を示そうとして、あたかも高い台座から降りてしまったかのように、感じさえするだろう。学校の、国立学校の、大学の解体。国教会の解体、外交、社会福祉、経済と商業、司法、文化、領土、陸軍と海軍、医療のための省庁の解体。

すべての、残りなくすべての国事は、権力国家という概念とともに立ち上がり、倒れる。われわれの社会秩序は権力の上に築かれているので、また、資本主義的秩序の保持は公然たる国家権力なしでは考えられないので、国家の強化のために、国家はすべてにわたって権力を背負い込んできたのである。この定理を、われわれはしっかり心に留めておかなければならない。なぜなら、それだけが、国家の解体は実際にユートピアではない、というわれわれの信念を強めることができるからである。このような信念で武装しているときにのみ、われわれは、新参者にはまだ抜け道がいかに錯綜しているように見えようとも、アリアドーネの糸がわれわれを疑いなく国家の迷宮から連れ出してくれる、という向こう見ずな確信をもって、課題に迫ることができるのである。

国立学校と国立大学の解体

国立学校と国立大学。国家は子供の魂を、確かにまったく教育的、人道的な基盤に立つことなく、我がものとする。では、国家とは誰なのか。今日、十分な給与をもらっている国立学校の教師を退職させても、彼らの誰もそれにたいして抗議しないだろう。国家はわれわれにたいして、常に公務員の姿で立ち向かってくるだけである。そしてこの公務員は、個人的な幸福、給与を目指しているのである。国家、すなわち国家に関心を抱いている勢力は、もっぱら政治的目的を追及する。国家は、子供の幸福を欲してはいない。国家は、自らの目的のために子供を利用しているのである。そのことを洞察し、資力ももっている者は、国家から子供たちを遠ざける。『ドイツの私的教育制度による指導者 Führer durch das private Unterrichtswesen Deutschlands、ウルシュタイン出版、ベルリン』は、二千を超えるこのような試みを行なっているところのアドレスを載せている。権力者たちが自らのへたくそな作品についてどう思っており、心の奥底ではいかに軽蔑しているかは、彼らが自分の子供、たとえば王子を国立学校には行かせないのを見れば、知れることである。国立学校に入れるにしては、彼らはできが良すぎるのである。国立学校の不正な競争と闘わなくてもよいなら、私立学校の数はどれほど増えることだろう。この二千の私立学校に出資している両親は、つまりはそのうえ自らの税金で国立学校を養わなければならない。したがって、国家は私立学校にたいして、この上なく汚い競争を仕掛けているのである。国立学校の解体によって、各人は自らの子供の私的教育のための資金、すなわち国家が国立学校の維持のために彼らの財布から奪うお金を、財布に留めておくことができる。したがって、財政上の問題は、子供の両親のための国立学校の解体にではなく、せいぜい、国家が子供のいない両親と子供に恵まれた両親の間で一定の調整を行なうところにあるのである。国家はこの場合、共産主義的な解決法を目指して働き、少なくとも学費にかんしては平等主義を実現するために努力する。しかし、このような平等主義にたいしては、共産主義にたいして言われうることがすべて言われうる。なぜ平等主義を学費に限定するのか。それならなぜ、学費よりもずっと少なくて済む子供の生活費にも、平等主義を及ぼさないのか。なぜ二人の子供をきちんと養うのが精一杯だと思っているいい人たちに、他の人の子供の育成費まで負担させるのか。ある女性が最愛の人に「いつか百マルク貯まったら、思い切ってまた赤ちゃんをつくりましょう」と言うようなことが、いったいどれほどの頻度で起こりうるのか。国家が学校用の、他の子供のための、百マルクを永遠に税金として取り立てるので、その望みは決して叶わない。だが、われわれが自分の子供の育成にお金を出すという姿勢でいないかぎり、他の人々の子供はわれわれに何を頼むのだろうか。しかし誰でも、自分がどこに位置しているのか、見てとることができる。共産主義を拒絶する者は、最初からきちんと拒絶しなければならない。そのことは別としても、子供をもつことには、火災の危険、雹、難破、事故におけるように、偶然の要素があるので、各人は自らの子供の学費を確保しておいたほうがよい。そのための需要が生じるやいなや、それに応じる保険会社には事欠かない。

以上は、国立学校の解体の財政的な側面である。文化的観点においては、国立学校はさらにいっそう悪いものである。兵士に制服を支給するにさいしては、国家は何十年かが経過するなかで、人間は体格にかんしてはさまざまである、ということに勘づいた。(官僚にとっては、それは本当に、勲章に値する発見であった) この驚天動地の発見は、さらに何十年かが経過するなかで、新兵補充にさいして制服に配慮することにつながった。というのも、制服はここでは揃いの服装を意味するからである。揃いの服装にするためには、当然のことながら、同じくらいの大きさで同じくらいの太り具合の新兵が選別されなければならなかった。しかし、このような方法では十分な新兵を見つけ出せなくなったとき、天才的な人間が何十年にもわたる研究の途上で、制服という方法とはかけ離れたところにある才気に満ちた考え、さまざまな大きさの制服を制作する、すなわち制服を少なくとも新兵一人一人の身長に合わせる、という考えに思い至った。この国家的発展過程は、二百年の歳月を要したのである。今は、三種類の異なった大きさのものを作ることで、国家の既製服製造業は完全に折り合っている。

この例から、われわれは、ことが兵営、制服、軍国主義、肉体的人間に関わる問題ならば、国家はいかにすばやく働く術を学ぶか、を知ることができる。しかし、国家が人間の、子供の心と接触するところでは、どうであろうか。そこでは、国家は総じて、いかなる個人性、いかなる差異も認めない。党派闘争の泥沼から現われた、才気のない、取るに足らぬ仕立屋の親方が、ベルリンから一千万の子供のための精神的制服を納入する。一千万の子供のための唯一つの学校計画！　百年にわたって、子供たちは杓子定規（プロクルステスのベット）に縛りつけられてきた。短すぎるものは引き伸ばされ、長すぎるものは切り落とされる。そして今のところ、いかなる学校教師も、制服を測るために兵士の体を選びとる方が逆のやり方よりはよい、とするウランゲル将軍の考えには思い至っていない。逆のやり方とはすなわち、一千万の全員異なる子供のためには、一つではなく、まさにやはりすべて異なった一千万の学校計画をつくる方がよいだろう、というものである。

　このような子供の、そして自明のことながら、同様に大人の、精神の画一化がどこに帰着するのか、をわれわれは今日目にしている。六千五百万の人間、人物、個人の代わりに、国家は、六千五百万の砂粒のうちの一粒、六千五百万の羊の群のうちの一頭のような、たった一人の人間、画一化された人間に、場所を提供している。この六千五百万人は当然のことながら、生じることすべてを一つの同じ立場から眺めることになり、それが精神的画一化の目的、国立学校の目的と見做される以上、どうやらそれが彼らの定めのようである。六千五百万人からなる画一的な国民、六千五百万頭の羊からなる群は、十万の異なった計画をもつ十万の私立学校で教育された個人からなる国民よりも、ずっと容易に不幸、戦争、恥辱と不名誉と賠償に導かれうる。後者はその際、十万の異なった立場からあらゆる物事を眺め、そこには互いに制御し合い、補い合う、十万の視点が形成される。したがって、対話の素材は無限となり、十万の視点が会議用のテーブル掛けから投げかける学問的問題も無限となる。このような立場から期待されうる進歩は、無限になる。画一化された国民は、それに反して、一つの立場しかもたず、ひとつの視点しかもたない。それによってあらゆる思考が最終的に解き明かされ、汲み尽くされるところの、比較の可能性が欠けている。このような体制が隙もなく貫徹され、制度が外国によって骨抜きにされるわけでもなく、職人も放浪生活者もいなくなるならば、このような国民は、エントロピー、全般的な麻痺、自家中毒によって没落するだろう。あらゆる場面を同じ側から、同じ眼で見るので、対話はすぐに停滞し、社会はせっぱつまって陰口、政党の醜聞、飲酒に逃げ込む。**画一性はすべての進歩を押し殺す。**

大学、いわゆる総合大学にかんしては、まさにそのような事態である。すでに制服を着せられた学生の卵が、そこに連れてこられている。しかも、新兵の制服のように三つの別々の大きさがあるわけではなく、ただ一つの大きさ、サイズナンバーの制服である。「講師は講義しながら自己形成する」という原則にしたがって、このような画一化された学生に接することで、教師の側の人材も必然的に画一化される。

この方面で国家が解体されるやいなや、私立の教育施設への欲求が生まれ、その欲求とともに需要が、需要とともに供給が生まれる。まずなんといっても、削減の対象となった教員たちは、当然自分の天職に就き続けたいと思う。個々の教師は個人個人となり、他の教師の集団が都市の校舎全体を借り上げる。その傍らに、いかなる学校も出ておらず、自らの構想と理念を携えて公衆の前に姿を現わす、他の教師たちが現われる。その教科にとりわけ適していると信ずる者は誰でも、解体された国立学校の教員たちに競争を挑み、このような競争の圧力のもとで、進歩の精神が学校に入り込み、また削減対象となった国立学校の教師たちのもとで、これまで独占がいかなる進歩も起こらないようにしていたところにも、入ってくる。もし彼らがいったん公式の学校計画の束縛から自由になったと感じたなら、そして、自らの直観に従うことができ、また商人、職人のように「競争に果敢に挑む」ことを余儀なくされるなら、この人たちはなんとすばやく新しい考えを身につけることだろうか。

解体された国家では、いかなる官吏も必要とされないので、そこではあらゆる資格証明書は未知のものとなる。誰ももうこのような紙屑のために、天分のない子供たちを勉学に駆り立てるようなことはしない。勉学の唯一の基盤は認識への内的欲求だけとなり、それゆえ、学校は、両親の虚栄心や財力が学校に持ち込む、あらゆる下らないものを背負わずにすむようになる。というのも、両親はいったいどうやって、もはや肩書や学位によって公然と外的表現を手に入れることのない子供の勉学で、自らの虚栄心やそれと結びついた心労の充足を見いだすことができるというのだろうか。そうなると、勉学は、本性的にその才能のある者に委ねられることになる。そして、その際なおも、自分には才能があると感じる者は、今日よりも少なくはならないであろう。なぜなら、経済的基盤は誰であろうと自らの認識欲求の虜となるのを妨げることはできないからである。このような勉学の限界は、もはや時間にも勉学の領域にも、存在しない。その時には、本当の「完璧な教育」を受けた人間は、わずかに墓地にのみ見出される。全人生がそのように「勉学期間」となる。先生がいなくてはやっていけない者は皆、学校に入り、白髪頭になってからまだ若いころに怠ったことを取り戻さなければならないと思っている者は、今日もすでに公開講演で見られるように、白髪頭で他の銀髪の老人たちと並んで腰掛けつきの勉強机を押し下げる。そして講義が終わった後には、白髪頭は今度は彼の方が講座に登場するために、「自分の」専門領域の講師として立ち上がる。したがって、学生と教師という概念は、最終的に旺盛な知識欲という集合概念のなかに、溶け込む。そして、小さな屋根裏部屋に若干の人間が、どんな種類の肩書ももたず、控えめに慎み深く腰掛け、「指先で星々をおどらし、外部から世界をうごかす代わりに、内部から世界をかたちづくること」を人間に可能にさせる認識に、最後の素材をもたらす。

学校にかんする国家の解体が実際上いかなる困難ももたらさないことは、すでに言及した二千のドイツの私立教育施設がわれわれに示しており、国家のさらに高度な教育施設も必要ないことは、アメリカで私的な資金によって設立され、世界的名声を博している大学が示しており、またドイツで私立の工学系の高度教育施設には一万人の学生が訪れる一方で、すべてのペテンが直接的な報いを受けているこの領域において、国家には五千人しか集まらなかった、という状況も示している。たとえば、ミットヴァイダの工業専門学校は一八六七年から私立学校として存続している。したがって、事実に基づく証拠がもたらされている。国家は学校の領域では余計なものであり、それでもなお国家が横奪に固執するならば、それは文化や学問と一切何物も共有せず、秘匿されねばならない理由から、なされるにすぎない。

教会の解体

教会の領域においては、新たな制度を生み出すに際して、笑いものにならずに国家の解体を退けることはできない状況が存在することは、火を見るより明らかである。聖職者たちがこの解体と闘っているということは、それだけいっそう、教会は彼らにとって宗教的施設などではなく、今日では彼らの権力の強化のための使い古された手段となっていることを、示している。誰も、ひょっとすると教会でさえも、教会施設にまつわる国家の解体にかんして、何らかの害があると感じる者はいない。

司法制度の解体

司法制度の領域、それもとりわけ個人的安全が問題となるところでは、事態はそう明確ではない。というのも、国家の解体は、ここではほぼ自衛権を意味するからである。弱者には自衛権のことを心配する理由がある。しかし、最強の者でもリボルバーの銃弾で射殺されうるというのに、今日いったい誰がなおも弱者なのだろうか。鉄の甲冑をまとった強盗騎士が自分の城に立てこもることができたときには、弱者はまさに甲冑をまとっていない者、取るに足りぬ農民だった。彼らはとにかく受動的に自衛権を甘受しなければならず、それを心配しなければならなかった。しかし今日、いったい誰が強者で誰が弱者なのだろうか。強者は国家とその司法制度のなかに強盗の城を築いてしまっており、弱者はかつてのように城を築くに際して、牙城を築くための石材を苦労して運ばなければならない。国家の解体とともに、この牙城は崩壊し、そうなるとすべての者が手にリボルバーをもって同等の強さで対峙し、そこでは同等の武装は実践的には武装解除を意味することになり、そうして皆が同じ強さとなる。というのも、自然に備わった強さは、リボルバーにたいしては何の価値もないからである。その時には、侵害にたいする防護は、いまやただ個々人が自分の周りを忠実な味方で固めることによってのみ、手に入れられるものとなる。友情、良き隣人、公けの人望、そして仇討ち、誹謗中傷さえも、住民の防護となる。その場合、スズメバチの巣と関わり合いにならねばならないとしたら、いったい誰がそのような住民に近づこうとするだろうか。強盗、犯罪者には、友人をつくる能力はない。彼らは一人で世界に立つ。彼らの仲間うちには、常に裏切り者が見つかる。犯罪者の城砦、シカゴでは、ほとんどの犯罪者は、警察の発砲ではなく、他の犯罪者のナイフで死ぬ。猛獣のように、彼らは互いに殺し合う。ブエノスアイレスの路上で腹を切り裂かれた人間を見かけたら、それはたいてい、警察によって長いこと手配されていた犯罪者で、「友人」との抗争でそういうはめになったのである。

自衛権と仇討ちが作用しているところでは、たしかに犯罪者は存在しないし、誰も実際上「力の強い者の犠牲」になることを恐れる必要もない。犯罪者は、解体された国家から諸国の警察の保護のもとへすばやく逃げ込む。そこでは、個人の生命と財産の保護という理由から、国家を強化したと称しているのである。シカゴで警官たちを家に帰らせ、そこで自衛権を宣言するなら、民衆はすぐにも犯罪者支配を脱却できるだろう。

解体された国家では、責任感のある犯罪者も無責任な犯罪者も知られておらず、単に危険な、悪意のない人間が知られているだけである。愚かな犯罪者は、すべての犯罪者のなかでも最も危険な存在である。そのような者にたいしては、まず何よりも防護することが必要となる。解体された国家には、刑罰も贖罪もなく、ただ防護あるのみである。重農主義社会がいかに自らを防護するとはいっても、一般的に、重農主義的な国民にはいかなる刑法典もない、とは言えない。ある都市では愚か者を絞首刑にし、別の都市では宮廷の庭で死ぬほど甘やかす。各々がその流儀に従う。愚かではない犯罪者にたいしては、うまい相手を見つけるならば、その時加えられた殴打が、すぐさま転業を問題にすべきことを納得させることになろう。実際の話、愚か者のためにわれわれが国家を構築する必要は一切ない。ここで道徳、責任、自由意志、贖罪、社会の侮辱、神的世界秩序の侮辱、改善等にかんする国家の見せかけにすぎない慣用語法のことはひとまず措いて、ただ社会の愚か者の悪行にたいする防護についてのみ語るとするなら、解体された国家のための刑法の育成という「困難な問題」は、実際上、雲散霧消してしまうことになる。

民法と商法にかんしても、われわれはいかなる国家も必要としない。何が公正で何が不正かについては、二人の人物のもとで結ばれた契約の内容に書かれている。その内容が曖昧ならば、どんな法典もそれを明確化することはできない。そうした場合には、それは仲裁判断にかかわる事柄となる。そして、仲裁判断にかんしては、われわれは国家なしで済ますことができる。国家がいったん塵芥にまみれれば、各々の契約において仲裁人があらかじめ考慮に入れるべき、すでに広く行き渡っている慣習が、全般にわたって市民権を与えられる。このような仲裁人は、その時には当然自由な職業として、その仕事の経験を積んでいる。その時には、男性の仲裁人、女性の仲裁人がいて、そのなかには世界的名声を得ている私人も、当然ユダヤ人や中国人もいるだろうし、その人たちのところには、当事者たちが詣でることになるだろう。その様子は、金、乳香、没薬を捧げるために奇蹟を行なう聖なる者へ詣でるときのようである。その時には、こうした仲裁人の名前が、各契約書の最初の条文として上の文頭のところに書き込まれることになる。その際、このような仲裁判断に馴染まない者が、その途上で自己防衛に走る契約相手に殴り殺されたり打ち殺されたりすることを恐れないのであれば、自力救済の道を選ぶのも自由である。その際その人は、どんな場合でも、今日農民が「私は権利をもっているが、他の者がその首根っこを押さえている」と言う無数の場合ほど、悪いことにはならない。このような場合に、貧しい農民には何ができるだろうか。彼にできる唯一の理に適ったことは、明確な契約を結び、つきあう相手をあらかじめ吟味する方が、将来もっとよいのではないか、とじっくり考えてみることである。その際、それが、詐欺師に悪行を止めさせるための最も良い方法でもある。社会は、そのような人間を自動的に排除する。社会の評判は彼らにとって冷たいものとなり、分業による社会では各人が他の者に依存しているので、彼らは自らの行為によってすぐにでも破滅していく。そこに、まったくそこにのみ、契約遵守のための執行権は存在する。それ以上のものは、必要ない。

悲劇の推移を、それが今日どのように毎月何千回も通商の世界を震撼させているかを、商業的な企ての破綻を、よく見てみよう。社会が国家の存在、行政権の存在、商業裁判所、処罰の威嚇で、どんな得をしているかを見れば、何かしら破綻の経緯が分かってくる。商人が債権者のために救い出したと信じたものを、司法上の破産管財が貪り喰うのである。

解体された国家においては、事態は本質的に別様に、両当事者にとってずっと良いかたちで、進行するだろう。まずなんといっても、商人ならば、自衛権を考慮に入れてきたので、機会をきわめて用心深く比較検討したことだろう。商人なら、老練な者とじっくり話し合ったであろう――背後でリボルバーが威嚇していたのだから。

二度、三度と破産させる商人がいる。私はここで、たとえば今パリの新聞が伝えている、凄腕詐欺師のラ・ロシェットのことを思い浮かべている。最初の破産の際に、彼は銀行取引で一万人の債権者、無名の人々を騙している。今は刑務所から釈放されて、彼は再びまったく同じ詐欺をはじめて、同じ成果を上げている。このような信じられないほどの無条件の信頼の背後には、国家の執行権が存在している。そしてここでも、それが幻影であることが実証されている。ここで挙げた事例は、例外ではなく、むしろ通例である。それはそうと、経験ある商人はすすんで国家の執行権を断念し、債務者と債権者の私的なもしくは共同の取り決めをとおして、自らの利害を調整しようと努める。それもまた、国家の解体にいたる途上での重要な歩みである。結局のところ国家の最終手段でもあるリボルバーが、直接利害関係のある当事者の手のうちに残されているうちは、そのほうがずっと良いのである。私人の手のうちにあるリボルバーは、用心のために前もって、はるかに前もって、警告し、威嚇することで、暗い影を投げかけている。

ここで商法にかんして言われたのとまったく同じことが、民法にかんしても言われうる。私的な取り決めと私的な仲裁裁判所によって、個々の人間間のあらゆる関係は、個人からなる集団間の関係と同様、調整される。契約において、仲裁人が、仲裁裁判所がそれにしたがって判決を下さねばならない法書と同様に、あらかじめ指名されさえすればよい。この法書は、最も声望があって最も経験豊かな仲裁裁判官によって、発布される。それは所有権を生じさせ、それを契約において拘束力のあるものとして指名する者は、電文符号対応表におけるように、所有権者にそのためにいくばくか支払わなければならない。しかしここで、このような法書が執筆者の収入源になるやいなや、このような私的な法書のなかにいかに多くの例のない叡知が突如として何につけても露わに現われてくるか、が熟慮される。いかに明確に、いかに明瞭に、いかに詳細に、そこであらゆる関係、あらゆる紛争の可能性が、公衆の目にはっきりと示されることか！　はじめて法律家（私的な法律家）が、分かりにくい言葉ではなくドイツ語で語るのである。

軍隊、植民地、外務省、商務省の解体

この著作の範囲と読者の貴重な時間を考慮して、私は今はかいつまんで述べなければならないし、またそうすることもできる。学校、教会、婚姻、司法の国家からの解体の後にまだ残っているものは、より重要性の少ない事柄であり、われわれはそれを要約して扱うことができる。ドイツで戦前に入営させられていた八十万人からなる軍隊は、解体されて十万人になっている。誰がそれを損失と感じるだろうか。誰が今日国家の安全が脅かされていると感じるだろうか。四年間ドイツ帝国に侵入しようとしていた「敵」が、崩壊後に国境が非武装で無防備になっているのを見たとき、国境で呪縛されたように立ち止まったままになってはいないだろうか。当時の国境警備という軍国主義的な考えが、いかに馬鹿げたものになっていることだろう。今となっては、この一群のドイツ国防軍は何のためにあるのだろうか。巨大な軍隊がわれわれにいかなる防護ももたらさなかったならば、残された一群の金で雇われたドイツ歩兵の傭兵にそれを期待できないのは、いよいよもって当然である。われわれは、われわれの重農主義的国民においてそうできるように、革命的な動乱を度外視するならば、武装した兵士からなる陸軍を入営させるべき理由は、その影すら見出せない。海軍にかんしても、それはまったく同様である。軍隊に呼びかけるものはない。ただ国家のみがそうする。われわれが解体しようとしている国家だけが。

植民地にかんしては、過去にどうであり、現在はどうなのか。一八八七年まで、われわれは植民地をもっていなかったし、それでも生きていた。そして今は植民地を失っているが、再び事態はもとのままである。われわれはポーランド‐プロイセンの植民地、オーバーシュレージエン、西プロイセン、ポーゼンも失った。国のなかでそれに気づいている者はいるだろうか。ポーゼンの穀類には、われわれは以前、高い、関税で保護された価格で支払いをしなければならなかった。今われわれは、そこから世界市場価格で、すなわち二ツェントナーにつき六マルクほど安く、それを手に入れることができる。ドイツでいったい誰が、そのことを嘆いているだろうか。この穀倉地帯の喪失に、ドイツは関税防衛で答えているのである！　割譲された地域がわれわれにあまりにも安く穀物を供給している、というのである!!　そして、ポーランドがドイツ国有鉄道のためにオーバーシュレージエンからわれわれにあまりにも安く石炭を供給しているということで、輸入禁止が決定されている。そのことによって、植民地にかんして何が重要であるか、が最もよく分かる。すなわち、それは、国家の措置によって保護され、援助された、私的取引なのである。

国家にかんして、まだ何が残っているだろうか。外務省である。国籍の制度である。これまで外交がわれわれにどれほどの恩恵をもたらしただろうか、われわれは外務省によってどれほど豊かになっただろうか、ドイツ人が外国で「我はプロイセン市民なり Civis prussiamus sum！」と叫ぶことができるなら、どんな資本を手中にできるのだろうか。すべては見せかけで、泡のようなものである。われわれの国に足を踏み入れる者は、その瞬間からこの国の市民に属し、ここから去る者は、その第一歩からして外国人に属する。外国に行く者は、自分の責任でそうする。われわれの国に敢えて入ってくる外国人は、自分が何をしているか知っていなければならない。それで、外務省と国籍の制度の解体は、片がつく。ある国は他国ともっぱら通商をつうじて接触するが、強力な接触が問題となるならば、他方でまた、そこまでの問題にしたのは通商への国家の介入だったのである。外交にかかわる事柄を司る大臣は、今日直接間接に、常にもっぱら、商務省の同僚が蒔いた種を刈り取りさえすればよい。この商務大臣が胡椒の産地に派遣されれば、もう他にすべきことはない。しかし、通商のために障害をとり除くためではなく、障害を設けるために（いわゆる保護関税）、商務大臣というものが考え出されたのである。通商を大臣に統制させて以来、関税境界が生まれ、それが摩擦を生み出し、そこからいとも簡単に火花が火薬樽に飛び移ることになったのである。解体された国家は、いかなる境界とも、それゆえいかなる関税境界とも、またそれゆえいかなる通商条約とも、そのために必要となる商務大臣と外交問題を司る大臣とも、無縁である。解体された国家にとっては、いかなる外国との通商も、いかなる輸入、輸出も、いかなる外交問題も、存在しない。自由通商は世界通商である。それは、まさに関税同盟地域の諸国家間の通商のように、統制されていない。国家が、あらゆる職業のなかでも最も自由な職業、通商におけるほど、絶対に不必要で、それゆえ害になるところは、他にはない。**通商はいかなる国家の統制からも自由である。さもなければ、それはペテンである。通商はほんとうに、現代の諸国民が空気のように依存している分業の前提なのである。**

自己保存本能と分業が、理想的な社会秩序を内部から創出する

私はここで、解体された国家をあらゆる側面から、現実世界と乱暴に触れ合わせてきたが、いたるところでそれは、その衝撃に耐えてきた。いずこにおいても、この接触は、解体された国家にかんしてユートピアが問題となっている、という印象を喚起することはなかった。というのも、それをとおして物事のユートピア的な側面が表面化されるのは、どっちみち現実世界との接触だからである。国教会のない国々があり(たとえばフランス、アメリカ合衆国)、他の国には国立学校がなく(たとえばイギリス)、また他の国には関税境界がなく(戦前までのイギリス)、もっと最近までドイツには、厚生大臣、商務大臣がいなかったし、他の多くの国々は、今日でもなお、この点で負けず劣らずである。ベルリンでは、長いこと私的郵便制度が機能していたし、国家郵便制度との競争も決して激しいものにはならなかった。鉄道は、主要国においては、私企業が所有している（イギリス、フランス、アメリカ合衆国）。多くの国々は、たとえばドイツも、いっさい植民地をもっていないし、国家の司法権の堕落は、あちこちでリンチ判事によって正されなければならない。しかし、あらゆる公的な事柄のうちでも最も重要なもの、貨幣制度を、一国家が自らの権力のうちに収める術は、今日までのところまだ見出されていない(もしわれわれが、礼儀正しく、ぞんざいに作られた紙幣に目をやらないようにするならば)。

したがって、解体された国家は今日すでに実在している。それは事実であるが、ただ解体はいろいろな国家に分散しているのである。しかし、あちらこちらへ国家によって切断され、萎縮させられ、

切除された構成部分を解剖学の技できちんと秩序正しく繫ぎ合わせるならば、現代的な文化国家の内閣を得ることができる。そうすると、次のように問われるだろう。経験上、生命を危険に晒すことなく、国家の構成部分をすべてばらばらに切断することができるなら、なぜさらにその愚かな頭もすっぱりと切り落としてしまえないのか。とりわけ、この愚かな頭が隣人との平和を乱し、その防衛が二百万人の生命の犠牲を要求し、千三百二十億金マルクの賠償責任をわれわれに負わせるならば。

ユートピア、そのとおりユートピアがここにある。そのようなものは**国家思想**、思考の尽きた、世界所有にいたる、ベルサイユ後の、破滅に導く**国家思想**である。いかなる人工物も必要とせず、それ自体で完全にバランスがとれていて、内部摩擦を引き起こすことなく機能し、いかなる隣人とも衝突しない、社会秩序を創出すること、それが重農主義者にとっての高次の課題であり、それはゲーテが次の言葉で彼の神に課した課題と似ている。

いったい、外部から世界をうごかす神とは何だろう。
指先で星々をおどらす神とはなんだろう。
内部から世界をかたちづくり、均衡を保つのが、神には相応しい。

人間の**自己保存衝動**、ひどく貶められてきたいわゆる利己主義が、このような理想的な形態と秩序を、より原初的な力によって、解体された国家のなかに、内部から創り出す。その利己主義は、それが働く際に、分業によってその効果が最大になるように助けてもらうことによって、きわめて幸福なかたちで支えられる。しかし、そもそもの初めに原初的な人間の群から社会、秩序を必要とする人間社会を創り出した分業は、誰も、（分業を可能にし、遡及的に社会における群衆を変える）社会にたいして自らの利益の完全な代替物を引き渡すことなしには、この利益を個人的に利用できない、という奇妙な定めとも思われるような特徴を有している。

したがって、国家の解体にとっての基盤は、すでに人間のなかにあり、人間のあらゆる衝動のなかでも最も強力なもののなか、および社会によって可能にされた分業の巨大な利益のなかに、しっかりと定着させられている。

それゆえ、解体しよう、心配せずに解体しよう。そして、われわれが解体するものは、それが維持される価値があるかぎりは、そこできっといいものに、さらにいいものに高められる、という十分に裏付けられた確信をもって、個人に担わせよう。

解説

本書では、『国家の解体——民主主義の導入を目指して　ヴァイマールで招集された国民議会に対する請願』一九一九　Der Abbau des Staates——nach Einführung der Volksherrschaft. Denkschrift an die zu Weimar versammelten Nationalräte『西洋の興隆——一九二三年の精霊降臨祭に向けて、バーゼルでの第一回国際自由地・自由貨幣会議において行なわれた講義』一九二三　Der Aufstieg des Abendlandes——Vorlesung gehalten zu Pfingsten 1923 in Basel auf den 1. Internationalen Freiland-Freigeld-Kongreß『解体された国家——法も道徳も欠きながら上方を目指す文化国民の生と行動』一九二七　Der Abgebaute Staat——Leben und Treiben in einem gesetz-und sittenlosen hochstrebenden Kulturvolk が訳出されています。

「国家の解体」と聞くと、何か暴力革命のようなものをイメージされる向きもあるかと思われますが、ゲゼルが言うところの国家の解体は、いわば究極の小さな政府を目指すものと言っていいのではないでしょうか。省庁の廃止、国営事業の民営化、規制の撤廃、地方分権、公助廃止・自助努力・相互扶助に立脚した社会の実現です。ゲゼルは、「土地所有権、貨幣所有権」による不労所得が諸悪の根源であり、「資本主義は搾取を意味し、搾取の装置は自らの防護のために中央集権的な権力を必要とし、この権力は国家を意味する」ので、国家は解体しなければならないと考えていますが、いわゆるワンワールドのようなことを考えているわけではなく、いわば個々人が「内側から」理想的な秩序を造り上げていくことが目指されています。（ゲゼルは、そのことを次のゲーテの詩を引用することで、明確に表明しています。『いったい、外部から世界をうごかす神とは何だろう。／指先で星々をおどらす神とはなんだろう。／内部から世界をかたちづくり、均衡を保つのが神には相応しい』）それを彼は、汎帝国主義と呼んでいます。国家主義の立場から新帝国主義時代の到来も叫ばれている昨今、それらへのアンチテーゼとしても興味深いものがあります。もちろん、こうした主張はこれだけで唐突になされているわけではなく、その根底には彼の自由地・自由貨幣にかんする思想がありますが、経済的な事柄については本セレクションの他の巻で詳しく論じられることになります。

現在の状況に目をやると、ヨーロッパではEUによって一つの欧州が目指されると同時に、独立・自治拡大の要求も高まっています。国家が上（外）と下（内）の両側から解体の要求をつきつけられています。アメリカでは、主に新自由主義者、新保守主義者、リバタリアン・ティーパーティーによって、低福祉、低負担、自己責任による小さな政府が志向されています。

以下、ゲゼルの論述にしたがって、今日の眼から見て興味深いと思われる点をいくつか挙げておきたいと思います。

保護関税政策は、「国民を痛めつけ、煽動し、世界と敵対させ、われわれに全世界との戦争をもたらした政策」であるとゲゼルは言います。したがって、通商にかかわる省庁の解体、保護関税の撤廃、完全自由通商が目指されることになります。「国家が、あらゆる職業のなかでも最も自由な職業、通商におけるほど、絶対に不必要で、それゆえ害になるところは、他にはない」「通商は本当に、現代の諸国民が空気のように依存している分業の前提なのである」。現在のグローバリズム、TPP論議などと関連していて興味深いところです。日本では、戦後の農地改革によって、小規模小作農が生まれ、完全労働収益が実現したものの、ゲゼルの主張とは違い、土地は国有化されなかったので、農民が保守化して、大枠で保護主義的農業政策がとられてきた経緯がありますが、かと言って、TPPがはたして自由通商かどうかは、大いに問題があるところでしょう。参加国の産業構成に偏りがありすぎますし、少なくともそれが覇権型の協定であることは、確かです。背後に安全保障の問題が絡んでくる点も、ゲゼルとは反対方向に向かっています。また、日本にとって宿命的ともいえる小規模農業をどう扱うかも難題であり、新自由主義による社会の蚕食という問題ももち上がっています。しかし一方で、世界に目を転じると、株主に最大利益をもたらすことを目指し、産業の空洞化、労働条件の悪化を招いている従来のグローバリズムにたいして、社会、環境等に配慮する、アルテルモンディアリスムなどの連帯経済を目指す動きも見られます。特定非営利団体（NPO）、社会的企業、生産者協同組合、フェアトレード、マイクロクレジット等も、そうした流れの代表と言えるでしょう。

ゲゼルによれば、自由地‐自由通商宣言によって、商務省、外務省、軍は要らなくなります。そして、軍を解体すれば平和共存に導かれることになります。階級国家は「国民の注意を国内の敵から逸らすために国外の敵を必要とする」が、「それ自体健全で、そこには何らの特権も存在しないような秩序にはまた、いかなる敵も、外敵もいない。解体された階級国家が流しだす温かな正義の光は、諸国民の敵意という氷の鎧を溶かす」。国家の解体によって、その前提となる「正義を知覚する能力」「善悪の判断力」「道徳意識」が回復される。まさに「恒久の平和を念願し、人間相互の関係を支配する崇高な理想を深く自覚するのであって、平和を愛する諸国民の公正と信義に信頼して、われらの安全と生存を保持しようと決意した」を思わせます。EUでは、リスボン条約等により、一部挫折はあるものの、いわば憲法の共有化が模索されている一方で、日本では今、憲法改正論議がさかんです。たしかに自主憲法ではないかもしれませんが、アメリカも冷戦以後、一八〇度国策を変更しているという事実もあります。また、日本では現在、国力の衰退にともない、多方面で領土問題がもち上がっていますが、ゲゼルは「国境警備という軍国主義的な考え」は「馬鹿げたもの」であると言います。ただ、アジアは、EUとは民族、歴史、宗教等の有り様がまったく異なっているため、EUの現況を日本に単純に当てはめることはできませんし、現状では国連軍でも自国の旗をいかに見せるかの競争になっており、国境を超えられていません。ゲゼルは、ウィルソンの平和主義にかんしては評価が甘いようです。

国家と法は「自由地の反対のもの、つまり略奪地を守るために」創り出されたものであるから、国家による法制度、警察権は解体すべきである、とゲゼルは述べています。『国家の解体』においては、代わりに、地方自治体の立法、裁判所、および私的な裁判所にそれが委ねられることになっていますが、『解体された国家』においては、「自衛権」——広義のリンチの容認に傾いているように思われます。刑務所も廃止されることになります。ゲゼルは誰もが銃をもっている社会を、少なくとも追認しているようです。「同等の武装は実践的には武装解除を意味する」「自衛権と仇討ちが作用しているところでは、たしかに犯罪者は存在しない」。リバタリアンもそうですが、全米ライフル協会は、銃は「平等をもたらすもの」（ゲゼルも銃によって弱者はいなくなる、と言っています）であり、誰もが「撃たれる前に撃つ権利がある」と主張しています。たびたび乱射事件が起こって銃規制が論議されても、彼らは「銃をもつ悪い奴を止められるのは銃をもった良い奴しかいない」と反論しています。しかも事件以後、協会員は急増しています。どう考えるべきでしょうか。

教育においては、教育にかかわる省庁、国立学校の解体が目指されています。国家による教育は「画一化」を生み、「調教」と言うべきものである。それはいわば、ベットの大きさに合わせて旅人の足を切ったり引き伸ばしたりしていた「プロクルステスのベット」である。「国家は、自らの目的のために子供を利用しているのである」。省庁、国立学校が解体されて、官吏も必要なくなれば、資格証明書は無意味になり、「勉学の唯一の基盤は認識への内的欲求だけ」になり、勉学は一生をかけて行なうものとなる。たしかに、教師が変に身分を保証されることなく、また成績を競うのではなく、個々の子供をよく理解し、子供に相応しい教育を競い合うのであれば、教育が良い方向に向かう基盤は整うでしょう。もちろん、そのためには、教師の認識力、実践力の育成という裏付けが必要とされることになるでしょう。日本では、現在は逆に、教育の国家統制、徳育への介入が強化される流れになっています。

しかし、このような社会が成立し得るためには、前提として「自由な」人間が存在しなければなりません（もちろんそれは、ゲゼルの立場から言えば、従来の社会が変革された結果として、現われてくるものでもありますが）。ゲゼルには、ルドルフ・シュタイナーの『自由の哲学』で言うところの自由、本能にも義務にも縛られない自由への衝動が確実に働いています。「人間は……全能の神の所産以上のもの」であり、人間の衝動は「発育不全の動物の衝動」ではない。人間の行為は「自発的に行なわれ」、「自らの名においてなされる」。「私があらゆるものの絶対的な尺度」であり、「羅針盤は、各人がその胸のうちにもっているもの」である。「われわれは……内側から自由に向かって駆り立てられ」る。「奴隷とは、自立性に従えない者たち、自らに発したのではない戒律、禁令に従わなければならない者たち」である。そのようなありかたを自己保存本能、利己主義と呼んでいる点も含めて、マックス・シュティルナーの『唯一者とその所有』に似ていると思っていたところ、やはり「シュティルナー……の念頭に常に浮かんでいたような人間」という言葉が出てきました。したがって、ゲゼルがシュティルナー、ニーチェなどを読み、影響を受けていたという言い方もできるでしょう。しかしそうだとしても、なんといってもゲゼル自身が内から湧き上がってくるような時代の自由衝動を体現していることが、全体として強烈に感じられます。

ところが、ゲゼルは同時に、男性の自由は「女性の自由の管理下」に置かれねばならず、男性は「女性の禁令」に従わねばならないのであって、さもなければ男性は「悪習の奴隷」になってしまい、人類は没落する、という主張を、かなりの紙幅を費やして繰り返しています。私個人としては納得しそうになってしまうところもありますが、やはり自由が禁令のもとに発達する、というのは矛盾であるように思われます。全般にゲゼルの女性にかんする主張には、彼自身の私生活が色濃く反映しているようでもあります。しかしながら、このような主張がなされる背景として、男女差別が横行していた当時の時代状況を考慮に入れて置く必要もあるでしょう。『解体された国家』に出てくる架空の議会の論議のなかに、ゲゼルは女性を「家政婦」呼ばわりしている学者を登場させています。日本などは現在でもまだ、「世界経済フォーラム」による男女平等ランキングでは一〇一位である現実もあります。『人形の家』のノラのような自由衝動を応援したくなる所以です。もっとも、ゲゼルがここまで女性問題にこだわる第一の理由は、ダーウィニズム、優生学にあるようです。女性に淘汰権をもたせることによって、悪癖に染まった男性は淘汰され、人類は品種改良され、進化し、没落を免れる、という考え方です。精神レヴェルの問題と肉体レヴェルの問題が混同されて思考されているようです（ただ不思議なことに、「ドイツ国議会における母親年金」のキーマンとなる代理司祭は、人間の品種改良を否定しており、精神と肉体を峻別しています）。ゲゼル自身には人種的偏見は皆無であり、むしろそれと闘おうという姿勢が見られますし、優勝劣敗の社会ダーウィニズムには反対しているようですが、全般的に左右を問わず優生学的思考法が見られるのは、まさにナチス前夜という感じがします。

『解体された国家』には、繰り返し「無支配 Akratie」という言葉が出てきます。共産主義とはもちろん、無政府主義とも区別して用いています。元来はフランツ・オッペンハイマーの用語で、Demokratie などの kratie（支配）に否定の接頭辞Aをつけたものです。ゲゼルは一九一一年に、フランツ・オッペンハイマーによって土地改革の実践が行なわれているベルリン近郊のオラニエンブルク・エデンに移住しています。文脈は違いますが、柄谷行人氏が『哲学の起源』で、やはりデモクラシーに対立する概念としてイソノミア（無支配）を取り上げているのが、興味深いです。

『解体された国家』にはまた「重農主義」という言葉が出てきますが、こちらはフランスの経済学者フランソワ・ケネーの用語です。ゲゼルは一九一二年に、盟友ゲオルグ・ブルーメンタールと雑誌『重農主義』を発行し、そのなかで国有化された土地の地代をもとに「母親年金」を創設することを主張しています。ゲゼルによると、地主に地代収入に見合う金利収入が見込める額の国債を渡し、土地を国有化し、その土地を競争入札にかけて貸し出し、その地代収入によって二十年以内に借金を完済します。その後、莫大な地代収入を子育て中の母親に年金として手渡すのです。「地代が人口密度の直接の産物」であり、「人口密度が母親たちによって生み出される以上は、地代は母親たちの直接の産物である」。人口が増えれば農作物（もちろん他の商品も）の需要が高まり、農作物の値段、労働生産高も上がります。その一部が地代となるのだから、人口を増やしてくれた母親に地代を年金として渡すべきだ、というのです。そうすると、女性が経済的に男性に依存することもなくなり、淘汰権を女性が握ることで、優秀な子供が育つ、という流れです。現在日本では少子化が問題となっていますが、フランスでは家族手当、各種補助金を出すことでそれを克服しつつあり、社会通念上も、ゲゼルが描いているように、正式な結婚をすることなく子供を産み育てるのも当たり前になっています。ただ、各種手当ての原資が高額の税金である点が、ゲゼルとはまったく違っています。

『解体された国家』では、『自然的経済秩序』におけるロビンソン・クルーソー物語のように、自らの主張を読者が具体的に臨場感をもって理解できるように、「ドイツ国議会における母親年金」と「重農主義者の国での調査旅行」という二つのお話を、ゲゼルは展開しています。ゲゼルの考えていることがよく分かり、非常に興味をそそられる内容が含まれていますので、最後に、そこで扱われている主な内容を大づかみに、ご紹介しておきたいと思います。

「ドイツ国議会における母親年金」

ゲゼルはここで、「議会主義の議会による破壊」を描いています。その際に、「種の保存本能」を変革のための拠点として用いています。そして「キリスト教が政党政治にたいする破壊槌」として選ばれます。「あらゆる人間にたいする愛、はてしのない愛の絶大な力を信ずる人間だけが、キリスト教徒を自称することができる」

・無支配主義者のミュラー議員によって、母親年金法案が提出される。

・慢性アルコール中毒などの男性の悪癖は「婚姻の、性愛 - 家庭問題への国家の介入の、副次的な現象」である。「現行の婚姻法と経済的依存性は女性たちに屈従を強い」ているが、「女性を経済的関係において自由にし、婚姻によって課された束縛から解き放ち、性愛生活を管理するあらゆる法律を廃棄し、品種改良にとって最も重要な行為において女性の完全なる自由意志を認め、女性に選挙権と、再び大いなる自由な淘汰権と、その他のすべてのものを与える」なら、「頽廃の原因がとり除かれ、人類の新たな興隆への道が再び自由に与えられ」る。

・「地代は母親たちの直接の産物」である以上、「各人に各人相応のものを、各人にその働きに応じた産物を」という原則に基づいて、地代をもとに「母親年金」を創設しなければならない。「所有地を没収し、所有者に補償する、すなわち所有地を動産に変え、その後にこの財産に、全国民の残りの財産全てを合算し、それに……財産税を課す」ことで、その出費を賄う。

・貴族、御用学者が登場し、穀物関税、農奴の身分の再導入、女性の束縛を主張し、自由通商、都市・

産業、移動の自由、精神的・芸術的人間、異国人を敵視する。法案を擁護した民主党員と御用学者が大乱闘になり、警察力によって収められる。

・カトリックの代理司祭が登場し、次のように主張する。肉体的な力より精神的資質の方が、重要である。「人種問題は個人的な事柄」であって、国家がかかわる事柄ではない。社会問題は、「学問的に」扱う必要がある。「この世の楽園は、永遠の楽園への信仰の土台」をつくる。ミュラーの提議のなかには「キリスト教的自明性」がある。それは、「処女マリアを、あらゆる未婚の母親を、人間の制度の野蛮性から保護」するものである。「皇帝のものは皇帝に、神のものは神に返せ」というが、「正義は統治の基盤である」。「それを行なうのが皇帝であり、それを行なっている間だけ皇帝」なのである。「皇帝にはいまやさらに、キリスト教的社会の実質的基盤を創り出す力も与え」よう。われわれは「もう二度と戦争はしない」と誓わねばならない。「キリスト教はわれわれに、いかにして敵に打ち勝つかについての解決策を与え」た。「あなた方を迫害する者たちに、善根を積みなさい」「汝の隣人を汝自身のごとく愛せよ」。この教義は戒律でなく、「智恵であり、自省への促し」である。農業には関税が必要だと言われたが、「実際には、それは地代、すなわち土地所有者の不労所得にのみかかわる問題だった」。（議員のなかには、恥じて自殺する者が出る）「正義の精神によって導かれることができ、全人類、全国民にたいする愛、真のキリスト教精神によって支えられている者は誰でも」、試したりせず、目を閉じて、この提議にたいして「然り、アーメン」と言う。

・母親年金法案は満場一致で採択され、アナーキストも含めて、全政党の構成員によってドイツ国歌が唱和される。
・アナーキストが、暴力ではなく、「キリスト教的な愛」がそれを成し遂げたことを、賞賛する。

「重農主義者の国での調査旅行」

ゲゼルはここで、「国家の解体によって目指される秩序」を描いています。それは、「今日の人間と区別される必要のない人間」が「われわれが今日送っている市民生活」をほとんどそのまま営み、「分業」によって忙しく働き、交通インフラは整い、移住は自由で、公的な福祉はなく、内部摩擦は少なくなり、国境警備は必要とされず、隣人と敵対することもなくなる社会です。そこでは「個人の自発性が完全に国家の代わり」をすることになります。
・人口の「きわめて激しい流入」。流入した犯罪者も働くようになる。農民、職人、労働者、芸術家が大挙してやってくる。
・世界で最も有能な企業家たちが、国家に妨げられずに自分の意思を押し通す努力ができるので、自らの産業の拠点をこの国に移転する。搾取が完全に廃止され、記録的な賃金が支払われ、労働組合が干渉することもなくなり、「労働者と企業家の間の連帯感」が実現される。賃貸借料は完全な自由競争で決定され、貸出金利はゼロに近いので、有能な者は経営者になる。利潤がどれほど上がるかは、「自由で高貴な精神の持ち主」である経営者の質にかかっている。自由は、志操の低い者と折り合うことはできない。一方、労働者は、気楽ですばらしい人生を送る。労働者にたいする劣等視も払拭される。
・「いかなる証明書類も、それを発行できる戸籍簿も」ない。自分が何者であるかは、自分の「行動と言葉によって」示されなければならない。
・誰でも「借地料の競りに参加する権利」があり、女性なら「母親年金の受給のための申請」ができる。信頼の念を生じさせる印象を与えられれば、経営資金の貸付を受けることもできる。
・「苦境（不幸な出来事は除く）にあるのは常に自己の責任である」「カインがたてた『私は弟の保護者でいるべきなのか』という問いには、ここでは一般的に『否』と返答される」「いかなる社会福祉も、失業手当も、ホームレスのための宿舎も、保護検束もない」。それに代わって「友情に基づいた保証」が確実なものと見做され、「相互扶助が最も強力に立ち現われてくる」
・リンチ判事。彼は自らの判決を「社会の保全」と呼び、刑罰、道徳的贖罪とは呼ばない。彼の判決は、自由意志、責任を前提としていない。無実の者が絞首刑になっても、リンチは彼に不正が行なわれたとは言わず、彼の身に不運なことが起こったと言う。判決と犯罪の間には、決して「正しい」釣り合いなどない。国境も監獄もないので、リンチは、犯罪者を殺すか、立ち去らせる。墓地がここでは唯一の監獄である。
・事故にたいして、誰も責任を負わない。事故保険はある。
・人口密度とともに地代は上昇し、それによって母親年金も上昇するので、母親連盟が交通インフラ、耕作地を整え、世界中から人間を引き寄せる。母親連盟では、「学問的、客観的にのみ議論され」、それが「その際の政治的な争いごとの刺を抜く」。サンチョ・パンサ「人間はより高い配当があれば、成長する」

・「母親連盟通貨ムーヴァ Muwa」が「一五〇％の保証のついたドルを打ち負かす」。これまで、通貨の管理は、「腐敗した、無能な国家官僚」の手中に収められていた。金本位制は運に左右されるので、指数本位制を採用し、信用ある人間がそれを保証する。「貨幣は人間の鏡像」である。偽造は、「偽の紙幣を持参した者に報奨金が出される」ことによって、防がれる。「世界銀行家連合は、その国の通貨を指数本位制の原理にしたがって管理し、世界貨幣に合法的な支払手段の性格を付与する、世界のあらゆる国家に、年に一パーセントの賃貸料、さもなければ、一回かぎり国家の通貨保有量の二〇パーセントまで無償で、世界貨幣を提供」することを目指す。

・証券取引所は「すでに無支配主義者の機関」になっており、「独自の司法権と執行権」を有している。アメリカ連邦準備制度理事会のスパイがリンチを受ける。連邦準備制度理事会の金本位制の管理者たちは、「差益、好景気、危機、つまりシーソーを欲する」のであって、通貨は欲していない。金本位制がなくなり、ムーヴァ Muwa が導入されれば、「投機は完全に止む」

・「海の民営化」を行なう。海賊にたいしては、「被害を被った者たちの自衛権だけで海の防護には十分」である。

・「正当で本当の利己主義」が「他の人間の幸福の促進」に結びつく。

・特許庁も、弁理士も、特許訴訟もなくとも、「発明家にその発明の意義に応じた賞金を出す」ことで、発明家の利益は守られる。
・週末用の居住区に見られる、「婚姻法の解体」によって生み出された状況。人類の特性の向上に資する唯一の道である「重農主義的母性」。人口過剰問題の「優生学的解決策」

編集部からの要請もあり、読者の便を図って、訳者の判断で、『西洋の興隆』全体と『解体された国家』の末尾に、小見出しを挿入しました。全面的に翻訳を任せて下さった、アルテの市村敏明氏に感謝申し上げます。

ミヒャエル・エンデの「地域通貨」にかんする言及を通じて、ゲゼルの思想に興味をもっていたところ、ちょうど西川隆範先生から翻訳のお話をいただきました。先生のご冥福を祈って。

本書は二〇一三年にゲゼル全集として刊行されたものですが、このたびゲゼル・セレクションの一冊として収録される運びとなりました。

二〇一八年九月

山田　明紀

◆著者

シルビオ・ゲゼル (Silvio Gesell)

1862年—1930年。ドイツに生まれる。1886年、アルゼンチンのブエノスアイレスに渡り実業家として成功を収める。その後、ヨーロッパに戻り、実業家としての自らの体験を踏まえつつ経済学の研究を行ない、1916年、主著『自然的経済秩序』を刊行し、自由地と自由貨幣を提唱する。1919年、バイエルン・レーテ共和国のランダウアー内閣で金融担当相として入閣するが、一週間で共産主義者が権力を奪取し、国家反逆罪に問われる。その後無罪となるが、1930年、肺炎により死去。ケインズは『雇用・利子および貨幣の一般理論』の中で、「未来の人々はマルクスよりもゲゼルの精神から多くを学ぶだろう」と評している。

◆訳者

山田　明紀 (やまだ　あきのり)

1956年、北海道に生まれる。早稲田大学法学部卒。法政大学大学院人文科学研究科哲学専攻修士課程修了（フランス哲学）。早稲田学習教室塾長（英語担当)。訳書にシルビオ・ゲゼル『自然的経済秩序Ⅰ・Ⅱ』『貨幣制度改革』（アルテ）など。

国家の解体 ——ゲゼル・セレクション

2018年10月25日　第1刷発行

著　者　シルビオ・ゲゼル
訳　者　山田　明紀
発行者　市村　敏明
発　行　株式会社　アルテ
〒170-0013　東京都豊島区東池袋2-62-8
BIGオフィスプラザ池袋11F
TEL.03(6868)6812　FAX.03(6730)1379
http://www2.plala.or.jp/arte-pub/
発　売　株式会社　星雲社
〒112-0012　東京都文京区水道1-3-30
TEL.03(3868)3275　FAX.03(3868)6588
装　丁　Malpu Design（清水良洋＋高橋奈々）
印刷製本　シナノ書籍印刷株式会社

ISBN978-4-434-25258-7 C0033　Printed in Japan